Köln.

Eine Stadtgeschichte für junge Leser

Impressum

© Hermann-Josef Emons Verlag
In Zusammenarbeit mit dem Kölnischen Stadtmuseum
Alle Rechte vorbehalten
Alle Rechte der Fotografien bei den Fotografen
Umschlaggestaltung, Satz und Layout: Weusthoff & Rose
Druck und Bindung: Grafisches Centrum Cuno, Calbe
Printed in Germany 2001
ISBN 3-89705-190-7

www.emons-verlag.de

Alfred Klever

Köln.
Eine Stadtgeschichte für junge Leser

Emons

Für Paul und Jakob

Inhalt

0. Bevor wir anfangen 6

1. Die ersten Siedlungen in Köln 8
Urstromtal und Urmenschen – Jungsteinzeitliche Revolution – Siedlungen und Funde auf der Mittelterrasse – Gräber und Grabungen – Erste Nachrichten – Eburonen und Ubier – Oppidum Ubiorum

2. Das römische Köln 16
Römische Legionen – Agrippa, Agrippina und die CCAA – Ausdehnung und Aussehen des Umlands – Blütezeit und Bedeutung der CCAA – Religionen – Verteidigung der Frontstadt – Frankensturm 355 – Abzug der Römer

3. Köln im frühen Mittelalter 32
Franken, Merowinger, Chlodwig – Der Niedergang der Stadt – Die Karolinger – Kölner Bischöfe – Karl der Große und Hildebold – Die erste Stadterweiterung – Kirchenbauten

4. Köln im hohen Mittelalter 40
Die Herrschaft der Erzbischöfe – Widerstand der Bürger – Die Patrizier – Die Heiligen Drei Könige – Der Wallfahrtsort Köln – Die zweite und dritte Stadterweiterung – Die große Stadtmauer – Der Beginn des Dombaus – Handwerk und Handel – Der Kampf um die Stadtherrschaft – Die Schlacht bei Worringen – Die freie Reichsstadt – Hansestadt Köln – Zünfte und Gaffeln gegen Patrizier – Der Verbundbrief – Die städtische Unterschicht – Die Kölner Juden – Köln am Ende des Mittelalters

5. Die freie Reichsstadt Köln am Beginn der Neuzeit 66
Neuzeit und Renaissance – Reformation und Protestanten in Köln – Die Jesuiten und die Gegenreformation – Köln und Mülheim – Der Dreißigjährige Krieg – Der Niedergang des Reiches und der Reichsstadt – Handel und Wirtschaft – Die Unterbrechung des Dombaus – Nikolaus Gülich – Hexenverfolgungen – Köln im achtzehnten Jahrhundert

6. Die französischen Jahre 1794–1814 82
Die französische Revolution – Die Koalitionskriege – Einmarsch und Besatzung – Assignaten und andere Plünderungen – Das Ende der freien Reichsstadt – Das große Aufräumen – Napoleon in Köln – Der Abzug der Franzosen und die Ankunft der Preußen

7. Das preußische Köln 1815–1871 92
Wiener Kongress und Kölner Enttäuschung – Preußische Ordnung und Kölner Schlendrian – Der Karneval wird organisiert – Der wieder entdeckte Dom – Beginn der Dampfschifffahrt – Kölner Eisenbahnen – Industrie und Wirtschaft – Die Lage der Arbeiter in Köln – Demokratische Regungen – Die Revolution von 1848 – Köln auf dem Weg zur modernen Großstadt – Kriege und Reichsgründung

8. Köln wird eine moderne Großstadt: 1871–1918 112
Das zweite deutsche Kaiserreich und das deutsche Köln – Kulturkampf und politischer Katholizismus – Der Dom wird fertig – Industrie, Arbeiterschaft und Sozialismus – Wachstum und Stadterweiterungen – Der Verkehr in, von und nach Köln – Der Weg in den Krieg – Köln im Ersten Weltkrieg

9. Köln in der Weimarer Republik 134
Die Weimarer Republik – Konrad Adenauer – Universitätsstadt Köln – Die Umgestaltung der Großstadt – Siedlungsbau – Inflation und Separationsversuche – Messestadt Köln – Weltwirtschaftskrise und Arbeitslosigkeit – Radikalisierung rechts und links – Die Machtübernahme durch die NSDAP

10. Köln im Nationalsozialismus 150
Die Machtergreifung 1933 im Reich und in Köln – Antisemitismus – Verfolgung Andersdenkender – Der Kampf gegen die Kirche – Die Besetzung des Rheinlandes – Die »Reichskristallnacht« – Köln im Krieg – Deportationen – Widerstand – Der Einmarsch der Amerikaner

11. Köln nach dem Krieg 176
Leben in Trümmern – Stadtverwaltung und Besatzungsmächte – Kampf ums Überleben – Wiederentstehung des politischen Lebens – Auseinandersetzung mit der NS-Vergangenheit – Der Wiederaufbau – Das Wirtschaftswunder – Das neue Gesicht der Stadt – Die Kulturstadt Köln

12. Köln heute 194
Großstadtverkehr – Gesellschaftlicher Wandel – Neunte Stadterweiterung – Strukturwandel und Wirtschaftskrise – Arbeitslosigkeit und soziale Not – Ausländer in Köln – Der Medienstandort Köln – Großbauten – Kommunalpolitik – Die Gipfelstadt Köln – Köln am Beginn des dritten Jahrtausends

Bevor wir anfangen

0

Kennst du Köln?

»Klar!«, werden die meisten sagen. »Natürlich kenne ich Köln.«
»Ich lebe ja hier.«
»Ich bin doch in Köln geboren.«

oder

»Meine Tante lebt schließlich in Köln.«
Andere wiederum haben eine Schwester oder Großeltern in Köln. Oder sie waren mal mit der Klasse ein paar Tage in Köln. Und manche kennen Köln aus dem Fernsehen, und da vielleicht nur das Müngersdorfer Stadion.

Wann kennt man eigentlich jemanden oder eine Stadt wirklich? Nur, wenn man weiß, wie er oder sie aussieht? Und was heißt überhaupt »kennen«? Wenn man etwas richtig kennen will, muss man dann nicht auch wissen, wie es entstanden ist? Wie es sich verändert hat, wie es zu dem geworden ist, was es heute ist?

Zwanzig Jahre scheinen uns heute eine sehr lange Zeit zu sein. Doch selbst in zwei Jahren kann sich unglaublich viel ändern. Aber die Stadt Köln, über die wir in diesem Buch reden wollen, wird bald zweitausend Jahre alt, und auch vor der ersten Stadtgründung im Jahr 50 n. Chr. lebten auf ihrem Gebiet schon Menschen.

Dieser lange Zeitraum sollte uns nicht abschrecken, die Vergangenheit der Stadt Köln kennen zu lernen. Kölns Geschichte erzählen wir in zwölf Etappen, und das Ziel ist: Köln heute. Für jene aber, die mehr wissen wollen, gibt es an jeder Station einige Tipps – zum Ansehen oder Weiterlesen.

1 Die ersten Siedlungen in Köln

Urstromtal und Urmenschen – Jungsteinzeitliche Revolution – Siedlungen und Funde auf der Mittelterrasse – Gräber und Grabungen – Erste Nachrichten – Eburonen und Ubier – Oppidum Ubiorum

Den »Homo sapiens«, die letzte Entwicklungsstufe der Gattung Mensch, gibt es in Europa seit ungefähr vierzigtausend Jahren. Die Zeit vor diesen »intelligenten Menschen«, so die Bedeutung der lateinischen Bezeichnung, soll uns nicht weiter beschäftigen. Kein Wort also zu den Neandertalern – die lebten ohnehin lieber in der Umgebung von Düsseldorf – und anderen wilden Gesellen. Denn wild genug war auch das Leben der ersten »Menschen wie wir«.

Wann die ersten Steinzeitmenschen in der Kölner Bucht – so wird heute das breite Tal zwischen Siebengebirge, Bergischem Land und Eifel genannt – aufgetaucht sind, ist nicht bekannt. Sie haben ihren Nachfahren kaum etwas hinterlassen, vielleicht weil der größte Teil ihres meist kurzen Lebens ein ständiger Kampf ums Überleben war. Zudem lebten sie als Nomaden, zogen in kleineren Verbänden umher und ernährten sich hauptsächlich von der Jagd, der Fischerei und Früchten. Bei ihren Jagdausflügen und Streifzügen mussten sie Lager aufschlagen, in deren Nähe sie auch ihre Toten begraben haben. In der Umgebung von Köln wurden Überreste dieser Lager, primitive Waffen und weggeworfenes oder verlorenes Steinwerkzeug gefunden.

> **!** Jungsteinzeitliche Kulturen in der Kölner Umgebung zwischen 4000 und 1800 v. Chr.:
> Bandkeramiker ab ca. 5500 v. Chr.
> Rössener Kultur ab ca. 4500 v. Chr.
> Michelsberger Kultur um ca. 3900 v. Chr.
> Becherkultur ca. 1800–1500 v. Chr.

Vor etwa siebentausend Jahren haben die Menschen einen großen Schritt in ihrer Entwicklung gemacht: Sie begannen sesshaft zu werden. Natürlich wird das ein paar Jahrhunderte gedauert haben, aber dann taten sie etwas, was sie auch heute nicht mehr lassen können: Sie griffen in die Natur ein und veränderten ihre Umwelt. Das ist die Jungsteinzeit – Häuser werden gebaut, Wälder gerodet, Felder angelegt, Äcker werden bearbeitet und Haustiere gehalten. Und es herrschte

Die ersten Siedlungen in Köln

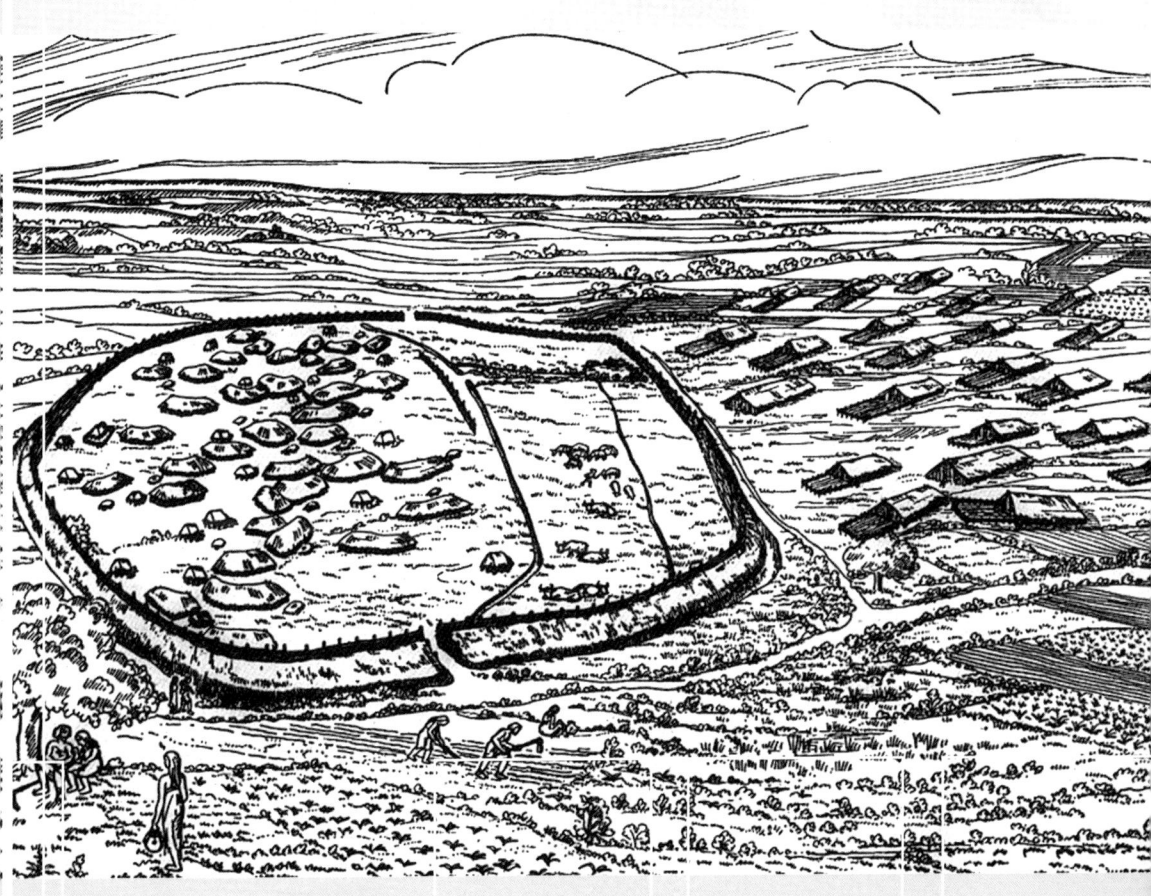

Plan der jungsteinzeitlichen Siedlung in Köln-Lindenthal. Die größten der fensterlosen Häuser waren dreißig Meter lang und fünf Meter breit.

reger Handel unter den jungsteinzeitlichen Kulturen: den Band- und Schnurkeramikern, den Glockenbecher-Leuten, den Michelsbergern und Rössenern, von denen einige auch ins Rheinland kamen. Ihre (Phantasie-) Namen gaben ihnen die Wissenschaftler nach dem Fundort oder dem Aussehen der von ihnen angefertigten Gefäße. Wie sie sich selbst genannt haben, ist nicht überliefert, es gab noch keine Schrift. Die Menschen glaubten in dieser Zeit an Donner- und Blitzgötter, an Zauberer und Dämonen und betrieben Ahnen- und Fruchtbarkeitskulte.

Aus der Jungsteinzeit sind einige Funde in den Vororten von Köln überliefert. Und warum nicht auch in Köln selbst? Nun, weil auch der Rhein, über den noch oft genug zu reden sein wird, sich sehr verändert hat und längst nicht immer die kanalisierte Wasser- und Abfallstraße war, die alle paar Jahre durch ein kleines Hochwasser für Aufregung sorgt. Er hatte noch lange nicht sein heutiges Bett gefunden und bildete besonders in der Kölner Bucht ein viele Kilometer breites, sumpfiges Überschwemmungsgebiet, das Urstromtal, in das sich unsere Vorfahren nicht gern hineinwagten. Alle vorgeschichtlichen Ausgrabungen stammen deshalb von höher gelegenen Plätzen in den westlichen und östlichen Stadtteilen, von der so genannten Mittelterrasse, die etwa fünfzehn Meter über dem Flusstal liegt, also aus Müngersdorf, Lindenthal, Dellbrück und Dünnwald beispielsweise, denn auf der nassen Niederterrasse konnte man schlecht bauen.

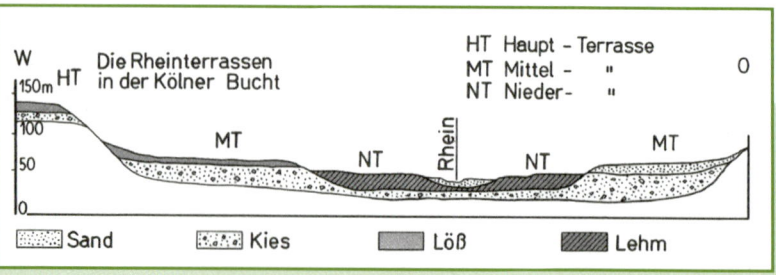

Querschnitt durch die Kölner Bucht.

Bei Lindenthal hat man 1930 ein ganzes Dorf gefunden, als man den Kölner Grüngürtel anlegte. Es ist ungefähr sechseinhalb Jahrtausende alt, stammt also aus der Zeit um 4500 v. Chr. Die Menschen, die dort gewohnt haben, hatten schon so viel Muße und guten Geschmack, dass sie ihre Gebrauchsgüter aus Ton – zum Beispiel Scha-

Die ersten Siedlungen in Köln

Bandkeramische Töpferware, gefunden in Köln-Lindenthal.

len, Näpfe und Becher – mit eingeritzten oder eingestochenen Bandmustern verzierten: Sie gehörten zu den bereits erwähnten Bandkeramikern. Bei den Ausgrabungen hat man den Grundriss der Häuser noch erkennen können. Sie waren groß und rechteckig, bis zu dreißig Meter lang, aus Holzbalken und Lehm und mit Schilfrohr gedeckt.

Im zweiten Jahrtausend v. Chr. benutzten die Menschen Bronze, eine Legierung aus Kupfer und Zinn, als wichtigsten Werkstoff für Waffen, Geräte und Schmuck. Und einige Jahrhunderte später, etwa ab 700 v. Chr., entdeckten sie, dass es Steine gab, aus denen man durch starke Hitze Eisen herausschmelzen konnte. Und mit diesem Eisen ließen sich natürlich bessere und haltbarere Waffen und Werkzeuge herstellen. In der Bronzezeit und der Eisenzeit gab man den Toten oft Töpferware, Waffen und Schmuck mit ins Grab. Vielleicht glaubte man, dass die Verstorbenen sie in einem weiteren Leben wieder gebrauchen könnten. Von diesen frühen Eisenzeitlern, die vom Westen her an den Rhein gekommen waren, wurden Hügelgräber auch in der Umgebung Kölns gefunden, unter anderem in Nippes, Fühlingen, Marienburg, Dellbrück und Dünnwald. Aus der Art der Eisenbearbeitung kann man schließen, dass es sich bei den Stämmen um die Mitte des letzten Jahrtausends v. Chr. um Kelten gehandelt haben muss, die aus Südwestdeutschland ins Rheinland gewandert sind.

Um 300 v. Chr. kamen jedoch von Norden die Germanen auf der Suche nach besseren Lebensbedingungen und verdrängten die hier lebenden Kelten. Oder sie vermischten sich mit ihnen. Solch eine keltisch-germanische »Mischung« waren die Eburonen, die zwischen Rhein und Maas siedelten. Wie dieser Stamm gelebt hat, ist in schriftlichen Aufzeichnungen überliefert. Diese haben aber nicht etwa die Einheimischen verfasst, denn sie konnten noch gar nicht schreiben, sondern ihre größten Feinde und späteren Bezwinger: die Römer. Während sich nämlich die ger-

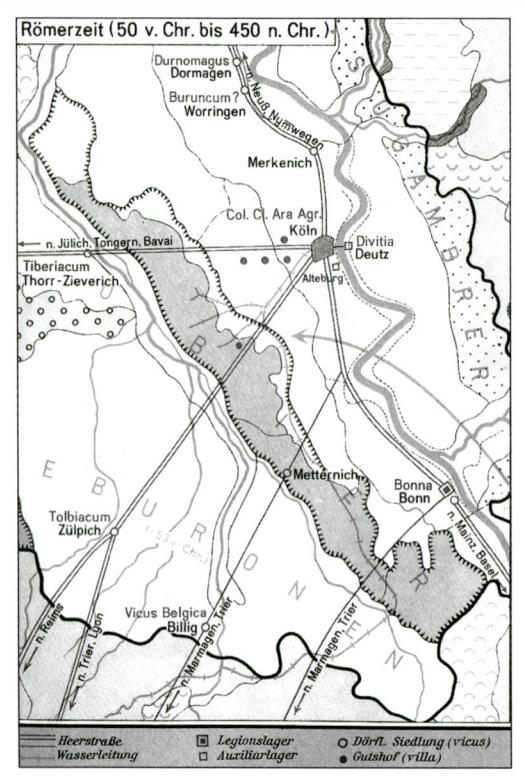

Die Bewohner der Kölner Bucht im letzten Jahrhundert v. Chr.: Eburonen (bis 53. v. Chr.), Ubier, Sugambrer ... und Römer!

manischen Stämme nördlich der Alpen mit Ackerbau und Viehzucht beschäftigten, ab und zu Raubzüge unternahmen in Nachbargebiete und kräftig Bier tranken, hatte sich auf der anderen Seite der Alpen aus einem von vielen Hirtenvölkern der Stadtstaat Rom entwickelt. Und daraus entstand in wenigen hundert Jahren das »Imperium Romanum«, das Römische Weltreich.

58 v. Chr. machte der römische Feldherr Gajus Julius Caesar sich auf, dieses Reich zu erweitern. Dabei stieß er bis nach England und an den Rhein vor und traf auch auf die Eburonen, die ihr Gebiet natürlich gegen die römischen Eindringlinge verteidigten und ihnen 54 v. Chr. unter ihrem Anführer Ambiorix sogar eine schwere Niederlage beibrachten. Dabei verloren die Römer fünfzehn Kohorten, das sind ungefähr neuntausend Soldaten. Und weil eine Großmacht solch eine Niederlage nicht auf sich sitzen lassen konnte, befahl Caesar die Vernichtung dieser gefährlichen Eburonen in der Eifel und der Kölner Bucht. Bereits um 53 v. Chr. war das linksrheinische Gebiet fast menschenleer, und die Römer boten es einige Jahre später dem germanischen Stamm der Ubier an. Diese Ubier, die von den Kölnern als ihre ältesten Vorfahren angesehen werden, stammen eigentlich aus dem Westerwald und dem Taunus und waren bei den benachbarten rechtsrheinisch lebenden Germanenstämmen als erwiesene Römerfreunde nicht sehr beliebt. So war es ihnen nur recht, auf die linke Rheinseite und damit ins Römische Reich umzuziehen.

Es war der römische Feldherr Marcus Vipsanius Agrippa, der im Jahr 38 v. Chr. den ubischen Bundesgenossen die einige Meter über dem Fluss gelegene Hügelter-

Das »Ubiermonument«. Aus der Ubierzeit stammt dieser mächtige Quaderbau, der sich im Keller des Hauses »An der Malzmühle« befindet. Er ist das Untergeschoss eines etwa zwölf Meter hohen Wachtturms, der um 5 n. Chr. gebaut wurde.

Marcus Agrippa, 63–12 v. Chr., römischer Feldherr, Schwiegersohn des Kaisers Augustus, Freund der Ubier, Großvater der Stadtgründerin Agrippina.

rasse zuwies, auf der sich bis heute das Stadtzentrum befindet. Die jetzt unter römischem Schutz linksrheinisch wohnenden Ubier bauten sich eine Siedlung, die die Römer »Oppidum Ubiorum« nannten – »Siedlung der Ubier«. Bewohnt wurde sie aber nicht nur von Ubiern, denn von Anfang an waren römische Soldaten in ihrer Umgebung stationiert. Römische Kaufleute werden den Ort besucht, vielleicht dort auch schon gelebt haben, und es gab ein römisches Heiligtum in der Stadt, die »Ara Ubiorum« (= Altar der Ubier).

Zum Ansehen	Funde aus der Steinzeit gibt es im Römisch-Germanischen Museum in Köln und im Rheinischen Landesmuseum in Bonn.
Zum Weiterlesen	Wolfgang Meier-Arendt: Die Steinzeit in Köln. Herausgegeben vom Römisch-Germanischen Museum. Köln 1975

Das römische Köln

Römische Legionen – Agrippa, Agrippina und die CCAA – Ausdehnung und Aussehen des Umlands – Blütezeit und Bedeutung der CCAA – Religionen – Verteidigung der Frontstadt – Frankensturm 355 – Abzug der Römer

In der unmittelbaren Nachbarschaft der Ubierstadt stationierten die Römer zwei Legionen und einen Teil der Rheinflotte. Ihre Aufgabe war es, die Rheingrenze zu bewachen, aber auch zusammen mit anderen römischen Legionen weiter rheinabwärts das römische Herrschaftsgebiet auszudehnen, und zwar möglichst bis an die Elbe und die Nordsee. Diese Pläne versuchten vor allem die römischen Feldherrn Marcus Vipsanius Agrippa, ein Freund und Schwiegersohn des Kaisers Augustus, und dessen Schwiegersohn Germanicus zu verwirklichen, jedoch vergebens. Ihr Ziel, ganz Germanien zu unterwerfen, gaben die Römer schließlich vollends auf, als sie im Jahre 9 n. Chr. bei Osnabrück von einem Germanenheer unter der Führung des Cheruskerfürsten Arminius vernichtend geschlagen wurden und dabei drei Legionen verloren. Das spätere Köln blieb also eine Grenzstadt.

!
Die römische Armee bestand in der Kaiserzeit aus 28 Legionen, überwiegend Berufssoldaten, die mindestens 20–25 Jahre im Dienst bleiben mussten. Zusätzlich gab es aber auch angeworbene nichtrömische Hilfstruppen. Eine Legion bestand im Idealfall aus 5.500 Fußsoldaten und 120 Reitern. Sie gliederte sich auf in zehn Kohorten zu etwa 550 Soldaten. Jede Kohorte hatte drei Manipel mit je 180 Mann. Zu einer Manipel gehörten immer zwei Centurien mit ungefähr 90 Soldaten, die von einem Centurio geführt wurden. Somit war eine Legion aus sechzig kleinen Abteilungen (Centurien) gut überschaubar aufgebaut und leicht zu lenken.

2

> Die römische Rheinflotte (»Classis Germanica«) war die wichtigste Provinzialflotte. Sie operierte mit einer großen Zahl von »Triremen« (Schiffen mit drei Ruderdecks), »Liburnen« (Schiffen mit Sporn und einem Kampfdeck, angetrieben von vierundvierzig Ruderern), Transportern und leichten Flusskampfbooten auf Rhein, Schelde und Maas und deren Nebenflüssen sowie in der Nordsee. Außer Köln hatte sie noch etliche andere Stützpunkte.

Der Feldherr Germanicus befand sich um 15 n. Chr. in der Ubierstadt, um seine rheinischen Legionen wieder einmal zu besuchen. Bei diesem Besuch wurde seine Tochter Agrippina geboren, die als Urenkelin des Augustus zur kaiserlichen Familie gehörte. Getrieben von Machthunger heiratete sie in dritter Ehe Kaiser Claudius – ihren Onkel – und setzte 50 n. Chr. bei ihm durch, dass ihr Geburtsort zu einer römischen Kolonie erhoben wurde, zu einer befestigten Siedlung, in der sich römische Veteranen niederlassen konnten. Veteranen sind nach zwanzig oder mehr Dienstjahren pensionierte Soldaten. 50 n. Chr. ist das offizielle Geburtsjahr der Stadt Köln.

Die neue Stadt nannten die Römer »Colonia Claudia Ara Agrippinensium«, das heißt »Kolonie des Claudius am Altar der Agrippinensier« (= Stadtbewohner mit römischem Bürgerrecht), abgekürzt CCAA. Diesen langen Namen hat Köln einige Jahrhunderte getragen, bis dann schließlich »Colonia Agrippinensis« bzw. »Colonia Agrippina« und dann im fünften Jahrhundert n. Chr. nur noch »Colonia« übrig blieb. Offensichtlich war das immer noch nicht kurz genug und klang so fremd, dass daraus erst »Cöllen«, dann »Cöln« und erst ab 1919 der heutige Stadtname »Köln« wurde.

Agrippina die Jüngere. Sie wurde am 6. November 15 oder 16 n. Chr. im Oppidum Ubiorum geboren und heiratete 49 in dritter Ehe ihren Onkel, den Kaiser Claudius. Dazu musste extra ein Gesetz geändert werden, das Ehen unter so nahen Verwandten verbot. Alle ihre Männer starben nach wenigen Jahren, Claudius wahrscheinlich an Gift. Damit war der Thron frei für ihren Sohn aus erster Ehe, Nero, der sie im Jahre 59 im Streit um die Macht ermorden ließ. Ihren Mitmenschen und der Nachwelt galt sie als Verkörperung von Herrschsucht und Machtgier.

Das römische Köln

Die Nordwestecke des römischen Köln: Der Römerturm.

Rekonstruktion des römischen Nordtors. Von hier ging es immer geradeaus über Buruncum (Worringen) und Durnomagus (Dormagen) nach Novaesium (Neuss).

Die Veteranen, die sich in CCAA ansiedelten, kamen nicht nur aus Rom oder Italien, sondern aus allen Gegenden des römischen Reiches, aus Spanien und Griechenland, aus Afrika und England, und es wurden immer mehr. Sie haben sich mit der einheimischen Ubierbevölkerung vermischt, und schon bald entwickelte sich die neue Stadt schwunghaft. Im zweiten Jahrhundert n. Chr. lebten hier nahezu zwanzigtausend Menschen.

Wo genau lag nun diese »Colonia Claudia Ara Agrippinensium«? Das kann man noch gut erkennen, denn zu einer Stadt gehörte damals eine Stadtbefestigung, eine Stadtmauer mit Toren und Türmen. Auf dem Platz vor dem Dom steht ein kleiner Torbogen, der zum römischen Nordtor gehörte und damals ein kleiner Nebeneingang in die Stadt war. Der große Bogen des Nordtores ist inzwischen ein paar Meter weiter südlich des Doms ins Römisch-Germanische Museum gewandert. Das Nordtor stand nahe der Nordostecke der CCAA, und von dort verlief die Römermauer etwa einen Kilometer in westliche Richtung. Entlang der Komödienstraße und der Zeughausstraße stößt man immer wieder auf Reste dieser Mauer, die acht Meter hoch und mehr als zwei Meter dick gewesen ist und neun Tore und einundzwanzig Türme hatte. Am Ende der Zeughausstraße steht man vor dem am besten erhaltenen Teil dieser Mauer, dem Römerturm, wo die Mauer nach Süden abbog. Das prächtige Mosaikmuster dieses Turmes ist ein deutliches Zeichen des zur Schau gestellten Wohlstands der Römerstadt. Von hier aus verlief die Mauer wieder einen Kilometer lang quer über den heutigen Neumarkt, bog an der Griechenpforte nach Osten ab und folgte dem Lauf des heute unterirdisch verlaufenden Duffesbachs bis zur Süd-

Die CCAA, fast quadratisch mit schachbrettartigem Straßenverlauf, Knotenpunkt wichtiger Handels- und Heerstraßen.

ostecke, nahe der späteren Kirche St. Maria im Kapitol. Von dort ging es dann entlang eines heute längst trockenen Rheinarms, den die Römer als Hafen nutzten, in nördlicher Richtung zurück zum Domhügel.

Das Stadtgebiet war also in römischer Zeit einen Quadratkilometer groß und hatte ein schachbrettartiges Straßennetz. Wie es sich für eine Römerstadt gehörte, gab es Tempel, einen zentralen Platz, das »Forum«, einen Palast, in dem der Statthalter der römischen Provinz Niedergermanien – die Römer nannten sie »Germania inferior« – regierte, das so genannte »Prätorium«, Badeanlagen, die »Thermen«, und ein »Amphitheater«. Viel ist davon nicht erhalten geblieben, aber die Grundmauern des Prätoriums sind unter dem neuen Rathaus in der Kleinen Budengasse zu besichtigen. Die wichtigste Straße in dieser Stadt verlief vom Nordtor – dort kam die Straße von Xanten und Neuss an – zur Hohen Pforte. Von da ging es weiter nach Bonn und Mainz. Sie befand sich genau da, wo heute die Hohe Straße, Kölns Einkaufsmeile, verläuft, und hieß bei den Römern »Cardo maximus«.

In der aufstrebenden Stadt florierten schon sehr bald das Handwerk und der Handel mit verschiedensten Waren. Berühmtheit erlangten vor allem die Töpfer und Glashersteller, die besonders hochwertige Waren fertigten. Händler und Kaufleute profitierten davon, dass sie diese Qualitätswaren »made in Colonia« auf den gut ausgebauten Handelsstraßen oder auf dem Rhein per Schiff in die ganze damals bekannte Welt exportieren konnten. Viele von ihnen wurden durch diesen Handel reich, sie machten aber auch die CCAA sehr bekannt.

Und was machten die Bewohner der Colonia mit ihrem Reichtum? Natürlich nichts anderes als heute: Sie bauten sich möglichst prachtvolle Häuser. So hatte das römische Köln neben den beeindruckenden öffentlichen Gebäuden auch eine

Das römische Köln

Menge richtig nobler Privathäuser. Eines davon hat auf dem Domhügel in der Nähe des Nordtores gestanden. Als man dort 1941 einen Luftschutzbunker bauen wollte, stieß man auf die Grundmauern dieses Hauses und legte den Fußboden des Speisesaals frei. Der besteht aus einem herrlichen Mosaik, in dessen Mitte sich »Dionysos«, Gott des Weines und der Lebensfreude, leicht beschwipst auf seinen Begleiter, einen Satyr, stützt – und um ihn herum Felder mit Musikanten, Tänzern, Tieren und Früchten. Über dieses etwa achtzig Quadratmeter große Mosaik wurde später das Römisch-Germanische Museum gebaut. Das aus mehr als 1,4 Millionen kleinster bunter Steine zusammengesetzte Kunstwerk muss ein Vermögen gekostet haben, und der Rest des Hauses war wohl kaum schlichter.

Aber nicht nur innerhalb der Stadtmauern lebten Menschen. Handwerker mit feuergefährlichen Betrieben, zum Beispiel Töpfer und Glasbläser, arbeiteten im Westen vor der Stadt, in der Gegend des heutigen Rudolfplatzes. Um Köln herum gab es auch große Landgüter, die die Stadt mit Getreide, Fleisch, Gemüse und Obst belieferten. Vom Reichtum der Stadt zeugen auch die Grabmäler, die die Kölner Römer nach alter Tradition entlang der Fernstraßen, die aus Köln herausführten, anlegten. Das Römergrab im Vorort Weiden und das fünfzehn Meter hohe Grabmal des Hauptmanns Poblicius, das heute im Museum direkt über

1960 wurde das berühmteste Exemplar der Kölner Gläser gefunden: das Diatret-Glas.

Das römische Köln

Einer der Hauptanziehungspunkte in Köln: das Dionysos-Mosaik im Römisch-Germanischen Museum (Ausschnitt).

dem Mosaik steht, sind Zeugen dieses Wohlstands. Seine Einheit, die 5. Legion mit dem Spitznamen »Die Lerchen« (»Alaudae«), war in Xanten stationiert, und Poblicius wird sich als wohlhabender Veteran in der CCAA niedergelassen haben.

Die Bewohner der schnell wachsenden Stadt legten auch Wert auf gutes Trinkwasser. Obwohl der Rhein vor zweitausend Jahren viel sauberer gewesen ist als heute, war er den Römern offensichtlich nicht gut genug. Sie wollten besseres Wasser, frisches Quellwasser aus der Eifel. Und das herzuleiten war für die römischen Ingenieure kein unlösbares Problem: Sie bauten eine siebenundsiebzig Kilometer lange Wasserleitung, die insgesamt 370 Meter Gefälle hatte, von Nettersheim in der Eifel bis Köln und überquerten dabei Bäche und Täler. Kurz vor Köln, an der Berrenrather Straße, sind noch die Reste einer Entschlammungsanlage erkennbar, die dafür sorgte, dass nur Trinkwasser bester Qualität in Köln ankam. Täglich wurden vierundzwanzigtausend Liter Wasser durch kleine Kanäle und Leitungen auf die öffentlichen Brunnen, die Häuser der Reichen und die Badeanlagen verteilt.

Wie das römische Köln ungefähr ausgesehen hat, kann man sich jetzt gut vorstellen, aber was hat sich in der Geschichte dieser jungen Stadt alles ereignet? Sie war schließlich die Hauptstadt der Provinz Niedergermanien, die vom Mittelrhein bis in die Niederlande reichte, und in einer Hauptstadt wird Politik gemacht. Der bedeutende römische Kaiser Trajan war von 97–98 römischer Statthalter in Köln. Hier erhielt er die Nachricht

Die Inschrift auf dem Grabmal lautet: »Dem Lucius Poblicius, Sohn des Lucius, aus dem Trentin gebürtig, Veteran der 5. Legion (Die Lerchen), seiner Tochter Paula und den Lebenden und dem bescheidenen Lucius Poblicius, Sohn des Lucius.«

Das römische Köln

Pfeiler eines Aquädukts bei Vussem in der Eifel.

vom Tod seines Vorgängers und Adoptivvaters Nerva. Daraufhin zog er nach Rom und ließ sich zum Kaiser ausrufen. Bis zu seinem Tod 117 war er ein sehr erfolgreicher Herrscher, unter dem das Römische Reich seine größte Ausdehnung erlebte.

Das riesige Römische Reich, das von England bis nach Arabien und vom Schwarzen Meer bis an den Atlantik reichte, zerfiel während der ständigen Machtkämpfe im dritten und vierten Jahrhundert. Wer die Soldaten auf seiner Seite hatte, der hatte Macht, konnte Konkurrenten einschüchtern oder angreifen. Es waren vor allem die Feldherrn der hier stationierten Legionen, die sich in die römische Politik einmischten und sich sogar von ihren Soldaten zum Kaiser ausrufen ließen; einer von ihnen war der Kölner Gegenkaiser Postumus. Im Jahr 259 wurde Köln unter Postumus für fünfzehn Jahre sogar Hauptstadt einer Abspaltung des Reiches, Gallisches Sonderreich genannt, das Gallien, Spanien, Germanien und England umfasste. In dieser Zeit ließen die Germanen die Römer immer deutlicher spüren, dass sie am Rhein unerwünscht waren. Die Römer schickten daraufhin noch mehr Soldaten an die Rheingrenze und bauten Anfang des vierten Jahrhunderts in der Regierungszeit des Kaisers Konstantin ein großes Fort auf der rechten Rheinseite direkt gegenüber von Köln, um die Germanen einzuschüchtern. Sie nannten es

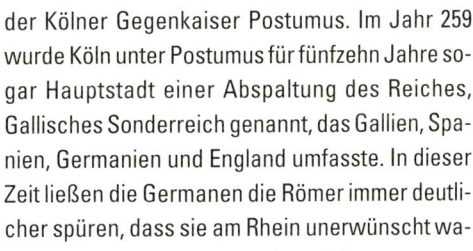

Teilstück der römischen Wasserleitung am Kolpingplatz. Die römische Wasserleitung, ein architektonisches Meisterwerk, hat einige Jahrhunderte lang funktioniert. Im Mittelalter glaubten die Menschen angesichts der Reste der Leitung, dass der Teufel sie gebaut haben müsse.

Latinius Postumus, Kommandant der Rheinarmee, nutzte 259/60 die Gelegenheit, als Kaiser Gallienus mit der Niederwerfung eines Aufstands beschäftigt war, zum Angriff auf die »Colonia Agrippina«. Nach der Eroberung der Stadt ließ er den in Köln weilenden Kaisersohn Saloninus ermorden und sich zum Kaiser ausrufen. Die Legionen in den Provinzen Germanien, Gallien, Spanien und Britannien erkannten Postumus als Kaiser des »Gallischen Sonderreiches« mit der Hauptstadt Köln an. 268 wurde Postumus von seinen eigenen Soldaten ermordet. Mit der Einnahme der abtrünnigen Stadt durch Kaiser Aurelian endet 274 Kölns kurze Hauptstadtkarriere.

»Divitia« nach dem Beinamen der dort stationierten 21. Legion »Divitentes«. Und zwischen »Divitia«, dem heutigen Deutz also, und der »Colonia Agrippina« bauten sie die erste und für mehr als tausendfünfhundert Jahre letzte, auf fünfzehn steinerne Pfeiler gestützte feste Brücke über den Rhein.

Mit den aus allen Teilen des Römischen Reiches nach Germanien abkommandierten Soldaten kamen auch verschiedene Religionen in die Stadt. Die Römer, die selbst mehrere Götter anbeteten, galten in religiösen Fragen – mit einigen Ausnahmen – als sehr tolerant. Jupiter, Juno und Minerva, den obersten römischen Gottheiten, war der größte Tempel in Colonia geweiht. Er stand auf dem »Kapitol« genannten Hügel, auf dem sich heute die Kirche »St. Maria im Kapitol« befindet. Aber auch der Kriegsgott Mars, Merkur, der Schutzpatron der Händler, und Diana, die Göttin der Jagd und der Fruchtbarkeit, haben in der römischen Stadt ihre eigenen Tempel gehabt. Es wurde aber nicht nur diesen römischen Staatsgöttern, sondern auch den germanischen Göttern, der ägyptischen Isis oder dem persischen Mithras gehuldigt und geopfert.

Ein typisches römisches Militärlager: das Castellum Divitia (Deutz). Im Hintergrund die Brücke zur CCAA.

Das römische Köln

So ähnlich wird die erste »Deutzer Brücke« aus dem vierten Jahrhundert ausgesehen haben.

Für zwei Religionen aber zeigten einige römische Kaiser überhaupt kein Verständnis: den jüdischen und den christlichen Glauben. Beide sind eng miteinander verwandt, und beide kennen nur einen einzigen Gott. Die Juden hatten in der römischen Provinz Palästina durch wiederholte Aufstände die römischen Besatzer so gegen sich aufgebracht, dass diese 70 n. Chr. Jerusalem zerstörten und die Juden aus ihrer Heimat vertrieben. Im zweiten Jahrhundert n. Chr. bildeten ihre Nachfahren auch in Köln eine Gemeinde, möglicherweise die älteste jüdische Gemeinde in ganz Deutschland. Aus dem Jahr 321 ist eine Urkunde des Kaisers Konstantin überliefert, durch die die Kölner Juden zur Mitfinanzierung der Stadtverwaltung verpflichtet werden. Wo die Juden im römischen Köln gewohnt haben, ist nicht bekannt. In späteren Jahrhunderten befand sich ihr Wohnviertel in der Gegend des heutigen Rathauses.

Mit den Soldaten und Händlern ist auch der christliche Glaube an den Rhein gelangt. Seine Anhänger nennen sich Christen. Aus dem Jahr 355 stammt die erste Erwähnung eines kleinen christlichen Versammlungsraums (»Conventiculum ritus christiani«), aber es gibt nur Spekulationen darüber, wo genau er sich in Köln befand.

Christ zu sein, war in den ersten Jahrhunderten gefährlich. Mancher römische Kaiser sah in den Christen Staatsfeinde, denn sie weigerten sich, den römischen Göttern und den wie Göttern verehrten Kaisern zu opfern. Sie glaubten nur an einen Gott und starben lieber den Märtyrertod, als von ihrem Glauben abzuweichen. So wurde Gereon, ein Offizier der thebäischen Legion, mit vielen seiner Soldaten von den Römern hingerichtet, später heilig gesprochen und zum Namensgeber der Kirche St. Gereon, wo sich auch sein Grab befindet. Ein ähnliches Schicksal soll einer Legende nach auch der heiligen Ursula, Namensgeberin der Kirche St. Ursula, und ihren Gefährtinnen widerfahren sein. Sie sollen jedoch von Hunnen getötet worden sein, weil sie nicht von ihrem Glauben abweichen wollten. Im vierten Jahrhundert

St. Gereon. Der Namensgeber der Kirche St. Gereon war Offizier der thebäischen Legion, die vermutlich aus Ägypten stammte. Ende des dritten Jahrhunderts wurden er und viele seiner Kameraden Opfer der römischen Christenverfolgung. Die Kirche, die über ihren Gräbern steht, hat ein prächtiges Dekagon (aus dem dreizehnten Jahrhundert), das über einem antiken Rundbau aus dem vierten Jahrhundert gebaut wurde. Dieser diente damals als Gedächtniskapelle für den Märtyrer Gereon und seine Gefährten.

ließ Kaiser Konstantin schließlich das Christentum als gleichberechtigte Religion zu, und bereits im Jahr 395 wurde es zur alleinigen Staatsreligion im Römischen Reich erhoben. Aber noch im sechsten Jahrhundert hat man in Köln auch zu germanischen Göttern gebetet.

Der erste namentlich erwähnte Kölner Bischof, mit dem die lange Tradition des Bischofssitzes Köln beginnt, hieß Maternus. Ein bedeutender Nachfolger des Maternus war Ende des vierten Jahrhunderts Bischof Severin, der einen christlichen Versammlungsraum auf einem Gräberfeld an der Straße nach Bonn zu einer später nach ihm benannten Kirche ausbauen ließ. Somit nimmt St. Severin im Süden der Stadt das Recht in Anspruch, Kölns älteste Kirche zu sein.

Während das junge Köln in den ersten Jahrhunderten nach Christus immer größer und mächtiger wurde, im vierten Jahrhundert hatte die Stadt bereits annähernd vierzigtausend Einwohner, ging das Römische Reich langsam zugrunde. Es war zu groß geworden, seine Grenzen zu lang und seine Verteidigung entsprechend schwer. Geschwächt wurde es außerdem durch eine Vielzahl unfähiger Kaiser, die sich in rascher Folge ablösten, absetzten und untereinander bekämpften. Und gerade diese Schwäche ermunterte einige Germanenstämme, die sonst bei ihren Raubzügen auf die linke Rheinseite meist einen weiten Bogen um die gut befestigte Stadt geschlagen hatten, Köln und die linksrheinische Provinz Niedergermanien zu bedrohen. Diese Germanen wurden von den Römern wegen ihrer Unberechenbarkeit gefürchtet. Die verschiedenen Stämme wie die Sachsen, Friesen, Chatten und Alemannen waren jedoch meistens untereinander so verfeindet gewesen, dass es nie zu einem vereinigten, mächtigen Germanenreich gekommen war. Im Nordwesten hatten sich aber kleinere germanische Stämme zu einem großen Volk vereinigt –

Das römische Köln

Sankt Ursula. Die Geschichte vom Leben und Sterben der christlichen Königstochter Ursula aus der Bretagne spielt in der Völkerwanderungszeit. Bei der Rückkehr von einer Pilgerfahrt nach Rom sollen Ursula und ihre Begleiterinnen vor Köln von gerade in der Gegend lagernden Hunnen überfallen und ermordet worden sein. Allerdings wurden schon im vierten Jahrhundert, lange vor dem frühestmöglichen Erscheinen der Hunnen im Rheinland, in der späteren Kirche St. Ursula außerhalb der Römerstadt heilige Jungfrauen verehrt, die dort den Märtyrertod gefunden haben sollen. Der Name »Ursula« und die Zahl ihrer Begleiterinnen – zunächst elf, später elftausend – sind Ausschmückungen des Mittelalters. (Bild eines Kölner Meisters um 1450)

Darstellung des Bischofs Severin mit der nach ihm benannten Kirche.

den »Franken«, was so viel wie »die Freien, die Mutigen« bedeutete. Sie waren nicht immer Feinde der Römer, hatten manches von ihnen gelernt, und viele Franken dienten im römischen Heer. Aber gerade deswegen waren sie auch über die Probleme und Schwächen der Römer gut informiert. Nachdem sie im Jahr 276 schon einmal die römischen Befestigungen am linken Niederrhein überrannt hatten, erschienen sie nun öfter in Form immer größer werdender Räuberbanden auf der linken Rheinseite. Dort überfielen und terrorisierten sie die Landbevölkerung, plünderten und steckten die Häuser in Brand. Das Leben in der römischen Provinz war gefährlich geworden. Aber auch bei innerrömischen Auseinandersetzungen mischten die Franken mit, indem sie sich von der einen oder anderen Seite anheuern ließen. Die Stadt Köln konnte sich zwar durch ihre mächtige Befestigung lange vor ihnen schützen, aber im Jahr 355 war es dann soweit: Franken, Sachsen und Alemannen nutzten Thronstreitigkeiten in Rom und Köln aus, drangen auf die linke Rheinseite und eroberten nach

zweimonatiger Belagerung Köln. Bei diesem so genannten Frankensturm ist die »Colonia Agrippina« nahezu ganz zerstört worden. Der römische Kaiser Julian hat sie im Jahr darauf zurückerobert und wieder aufbauen lassen, erholt hat sich die Stadt von dieser ersten großen Zerstörung in ihrer Geschichte jedoch nur langsam. Ihre erste Blütezeit war vorbei.

Und dann wurden die Germanen ihrerseits von einem Volk bedroht, das aus Asien kommend auf schnellen Pferden in Europa einfiel – den Hunnen unter ihrem König Attila. Die am weitesten im Osten lebenden Germanen, die Goten, flohen vor ihren Überfällen nach Westen ins Römische Reich. Andere germanische Völker wie die Vandalen, die Sueben und die Burgunder folgten ihnen. Es müssen Ende des vierten und Anfang des fünften Jahrhunderts chaotische und bedrohliche Zustände geherrscht haben, als ganze Völker auf der Flucht und der Suche nach neuen, besseren Gebieten waren. Und in dieser Zeit der »Völkerwanderung« ging das jahrhundertealte, einst so mächtige »Imperium Romanum« – zumindest seine westliche Hälfte einschließlich Italien – im Jahr 476 endgültig unter und zerfiel in viele Teilreiche.

Aus der »Colonia Agrippina« hatten die Römer bereits Anfang des fünften Jahrhunderts den größten Teil ihrer Soldaten nach Italien zurückgerufen, und so wurde es immer aussichtsloser, die Stadt gegen neue germanische Bedrohungen und Belagerungen zu verteidigen. 455 kapitulierte schließlich der letzte römische Feldherr in Köln, Aegidius, vor den Franken, den Eroberern und »freien Herren«. In der Geschichte der inzwischen vierhundert Jahre alten Stadt beginnt damit eine neue Epoche.

Das römische Köln

Zum Ansehen — Das Römisch-Germanische Museum beheimatet viele in diesem Kapitel erwähnte Sehenswürdigkeiten wie das Dionysos-Mosaik, das Grabmal des Poblicius, das Diatret-Glas und noch vieles mehr.

Der Römerturm befindet sich in der Zeughausstraße, Ecke St. Apernstraße.

Die Fundamente des Prätoriums und Teile des Mauerwerks sind unter dem Neuen Rathaus in der Kleinen Budengasse zu besichtigen.

Reste der römischen Wasserleitung finden sich an vielen Stellen im Stadtgebiet, die Entschlammungsanlage ist weit draußen an der Berrenrather Straße jenseits des Militärrings. Interessant ist auch ein Besuch in Nettersheim und Kall in der Eifel, wo die Leitung ihren Ausgangspunkt hatte und noch viel davon zu sehen ist.

Zum Weiterlesen — Werner Eck: Agrippina – Die Stadtgründerin Kölns. Eine Frau in der frühkaiserlichen Politik. Köln 1993

Ute Kaltwasser: Die Kölner in der Römerzeit. Köln 1977

Peter La Baume: Colonia Agrippinensis. Kurzer Rundgang durch das römische Köln. Köln 1958

Gerta Wolff: Das römisch-germanische Köln. Köln 1993

Köln im frühen Mittelalter

3

Franken, Merowinger, Chlodwig – Der Niedergang der Stadt –
Die Karolinger – Kölner Bischöfe – Karl der Große und Hildebold –
Die erste Stadterweiterung – Kirchenbauten

Mit dem Untergang des weströmischen Reiches im Jahr 476 beginnt das Mittelalter, das die Historiker erst mit der Entdeckung Amerikas durch Christoph Kolumbus 1492 zu Ende gehen lassen. Früher wurde diese Zeit als düster und chaotisch bezeichnet, eben nicht zu vergleichen mit der strahlenden Antike und der modernen Neuzeit, aber heute weiß man, dass sich die Menschheit auch in diesen angeblich so dunklen Jahrhunderten kräftig weiterentwickelt hat. Köln zumindest wird nach schwerem Beginn einen unglaublichen Aufschwung erleben und im dreizehnten und vierzehnten Jahrhundert zu einer der größten und bedeutendsten Städte Europas werden. Aber der Reihe nach.

Nachdem die Römer weg waren, war in Köln nicht mehr viel los. Viele Bewohner der Stadt aber blieben und mussten sich an die neuen Verhältnisse gewöhnen. Die neuen Herren, die Franken, waren wie alle Germanen keine Stadtmenschen, sondern lebten lieber auf dem Land. An Köln interessierte sie vor allem die stabile Stadtbefestigung, die alte Römermauer, die nach den Belagerungen und Eroberungen immer wieder notdürftig repariert worden war.

Perioden in der Geschichte

Die drei großen Perioden in der Geschichte sind

1. Die Antike (oder das Altertum)
Sie umfasst die Zeit der ersten Hochkulturen in Ägypten und dem Orient, die griechische und die römische Geschichte. Sie endet mit der Völkerwanderungszeit oder konkret: mit dem Ende des weströmischen Reiches 476.
2. Das Mittelalter
Es beginnt im vierten Jahrhundert und kann noch einmal in frühes, hohes und spätes Mittelalter unterteilt werden. Das Mittelalter reicht bis zum Ende des fünfzehnten Jahrhunderts, etwa bis zur Entdeckung Amerikas oder bis zur Reformation.
3. Die Neuzeit
Sie unterscheidet sich von ihren Vorgängerinnen dadurch, dass sie noch nicht zu Ende ist. Sie beginnt im frühen sechzehnten Jahrhundert und geht bis gestern. Es ist üblich geworden, das sechzehnte, siebzehnte und achtzehnte Jahrhundert als »frühe Neuzeit« von der »neuesten Geschichte« abzugrenzen. Dadurch soll deutlich gemacht werden, wie sehr sich die Industriegesellschaft der beiden letzten Jahrhunderte von der Agrargesellschaft der Zeit davor unterscheidet.

Und das römische Prätorium wurde zwar von den fränkischen Herrschern als Palast genutzt, es war mittlerweile aber ziemlich beschädigt. Alles andere verfiel ebenfalls. In der Wasserleitung aus der Eifel wuchs Gras oder sie lag in Einzelteilen herum, die Brücke über den Rhein war irgendwann eingestürzt und nicht mehr aufgebaut worden, die meisten Tempel, Theater und andere Gebäude lagen in Trümmern. Die hoch entwickelte Handwerkerschaft war größtenteils verschwunden, weil es fast keine Kundschaft mehr gab. Es werden im sechsten Jahrhundert nicht mehr als einige tausend Menschen gewesen sein, die innerhalb der Mauern lebten – hauptsächlich von Ackerbau, Viehzucht und Handel.

Aber nicht nur die Stadt, auch das Umland verfiel. Die meisten großen Gutshöfe waren von ihren Besitzern – freiwillig oder unfreiwillig – aufgegeben worden. Auf den fruchtbaren Böden im Westen und Südwesten, etwa in dem Dreieck Köln–Bonn–Aachen, breitete sich wieder dichter Wald aus.

Für die Franken war Köln eine wichtige Grenzstadt im äußersten Osten ihres Reiches, das sich vom französischen Atlantik bis zum Rhein-Main-Gebiet erstreckte und romanische und germanische Völker vereinte. Sein Mittelpunkt war Paris. Ein bedeutender Frankenherrscher, dem alle Stämme gehorchten und der von 481 bis 511 regierte, war Chlodwig aus der Herrscherfamilie der Merowinger. Im Jahr 496

Köln im frühen Mittelalter

besiegte er in einer mörderischen Schlacht bei Tolbiacum, dem heutigen Zülpich, den germanischen Stamm der Alemannen. Aus Machthunger scheute er vor kaum einer Untat zurück und ließ mögliche Konkurrenten von seinen Gefolgsleuten umbringen. In das Chaos der Völkerwanderung brachte er jedoch durch die Vereinigung der Stämme auch Ordnung. In Köln, wahrscheinlich in der Kirche St. Gereon, hat er sich im Jahr 508 zum König aller Franken ausrufen lassen, nachdem die Anführer der hier lebenden Uferfranken, auch Ripuarier genannt, in seinem Auftrag ermordet worden waren. Bereits 498 hatte sich Chlodwig in der Stadt Reims von Bischof Remigius taufen lassen. Vielleicht war er nur aus Berechnung Christ geworden, schließlich brachte es ihm und seinen Nachfolgern einen gewaltigen Vorteil ein: Sie hatten die Unterstützung der Kirche, des Papstes und der Bischöfe.

Köln war schon zur Römerzeit Sitz eines Bischofs geworden, und die Lage als Grenzstadt brachte es mit sich, dass von hier aus die Christianisierung der heidnischen Friesen und Sachsen ihren Ausgang nahm. Ein bedeutender Kölner Bischof der Frankenzeit war der später heilig gesprochene Kunibert, der von 625 bis 663 dieses Amt innehatte. Er war ein Vertrauter der fränkischen Könige Chlotar und Dagobert und verwaltete für sie den östlichen Teil ihres Reiches. Begraben ist er in der nach ihm benannten Kirche St. Kunibert.

Kunibertsfenster. Der Frankenkönig Dagobert (oder Chlotar II.) setzt Kunibert als Bischof von Köln ein.

Als endlich halbwegs geordnete Verhältnisse im Rheinland eingekehrt waren, vermehrte sich auch wieder die Bevölkerung, und zwar nicht nur in Köln. Auch im Umland entstanden viele neue Dörfer. Ein Großteil der früheren Bauerndörfer und heutigen Kölner Vororte hat seine Anfänge in der Frankenzeit. Im Herrscherhaus der Merowinger kehrte jedoch keine Ruhe ein; die Thronkämpfe und Erbstreitigkeiten rissen nicht ab. Einen Höhepunkt bildete der Machtkampf der beiden Brüder Theudebert und Theuderich. 612 prallten wiederum auf den Feldern vor Zülpich ihre Heere aufeinander. Der siegreiche Theuderich ließ sich anschließend in St. Gereon als neuer König feiern. Die andauernden Familienstreitigkeiten führten schließlich dazu, dass die Merowinger von der fränkischen Adelsfamilie der Karolinger an der Spitze des Frankenreichs abgelöst wurden. Aber auch in dieser Familie ging es anfangs hoch her, als nach dem Tod des Karolingerfürsten Pippin des Mittleren seine Witwe Plektrudis und ihr Stiefsohn Karl »Martell« (= der Hammer) aneinander gerieten. Karl verbannte seine Stiefmutter in das von ihr um 690 gegründete Frauenkloster, aus dem die Kirche St. Maria im Kapitol entstanden ist. Dort liegt Plektrudis auch begraben. Als unumstrittener Anführer der Franken hat dieser Karl Martell mit seinen Soldaten 732 bei Tours und Poitier in Frankreich das Eindringen der aus Spanien kommenden Araber gestoppt.

Grabplatte der Plektrudis. Plektrudis gründete 689 auf den Trümmern des ehemaligen römischen Kapitolstempels das erste Kölner Frauenstift, eine klosterähnliche Lebensgemeinschaft frommer Frauen. 726 fand sie hier, in St. Maria im Kapitol, ihre letzte Ruhestätte.

Der erste Karolinger mit Königstitel wurde 751 Pippin der Jüngere, der Vater von Karl dem Großen. Die Karolinger interessierten sich nun wieder stärker für den Ostteil ihres Reiches und bemühten sich um seine Ausdehnung über den Rhein hinweg. So regierte Karl, König von 771 bis 814, die meiste Zeit sein Reich von Aachen aus. Den Sachsen, die sich am längsten gegen eine von Karl dem Großen angeordnete Missionierung wehrten, zwang er schließlich das Christentum gewaltsam auf und unterwarf sie seiner Herrschaft. Die neu gegründeten Missionsbistümer in Münster, Osnabrück und Bremen wurden dem Kölner Bistum unterstellt, das damit 795 zum »Erzbistum« wurde, die Kölner Bischöfe sind seitdem Erzbischöfe. Auch Karl wurde »befördert«: An Weihnachten im Jahr 800 wurde er in Rom zum Kaiser gekrönt.

Hildebold, ehemaliger Erzkaplan, erster der Geistlichen im Frankenreich und guter Freund Karls des Großen, war der erste Kölner Erzbischof. Seit seiner Zeit waren die Kölner Erzbischöfe wichtige Vertraute und Berater der Kaiser, einige von ihnen auch Kanzler des Reiches. Oft haben die Kaiser entschieden, wer Erzbischof

Köln im frühen Mittelalter

von Köln werden sollte. Hildebold sorgte dafür, dass Köln eine seinem neuen Rang angemessene Kirche erhielt: Die alte spätantike Bischofskirche auf dem Hügel am Nordostrand der Stadt, auf dem heute der Kölner Dom steht, wurde um 800 ausgebaut, dem heiligen Petrus geweiht und von Karl dem Großen prächtig ausgestattet. In der ersten Hälfte des neunten Jahrhunderts wurde diese Kirche aber abgetragen und an ihrer Stelle mit dem Bau eines Doms begonnen, der ersten großen Kirche in Köln, fünfundneunzig Meter lang, mit zwei Türmen und drei Kirchenschiffen. Zu diesem karolingischen Dom gehörten seit dem zehnten Jahrhundert die Dombibliothek und die Domschule, in der der Priesternachwuchs ausgebildet wurde.

Unter Karls Enkeln brach das mächtige Frankenreich auseinander in das westfränkische Reich, später Frankreich genannt, und das ostfränkische Reich, in dem Deutsch gesprochen wurde. Viele Städte im Frankenreich wurden in dieser Übergangszeit überfallen von den Normannen, auch Wikinger genannt, die von Skandinavien aus auf Schiffen über die Nordsee kamen, die Flüsse aufwärts fuhren und raubten und plünderten. Der schlimmste Überfall in Köln fand im Jahr 881 statt, als die normannischen Eroberer die Stadt ausraubten. Vielleicht nur durch den Frankensturm 355 und in den Bombennächten des Zweiten Weltkriegs ist die Stadt ähnlich stark zerstört worden.

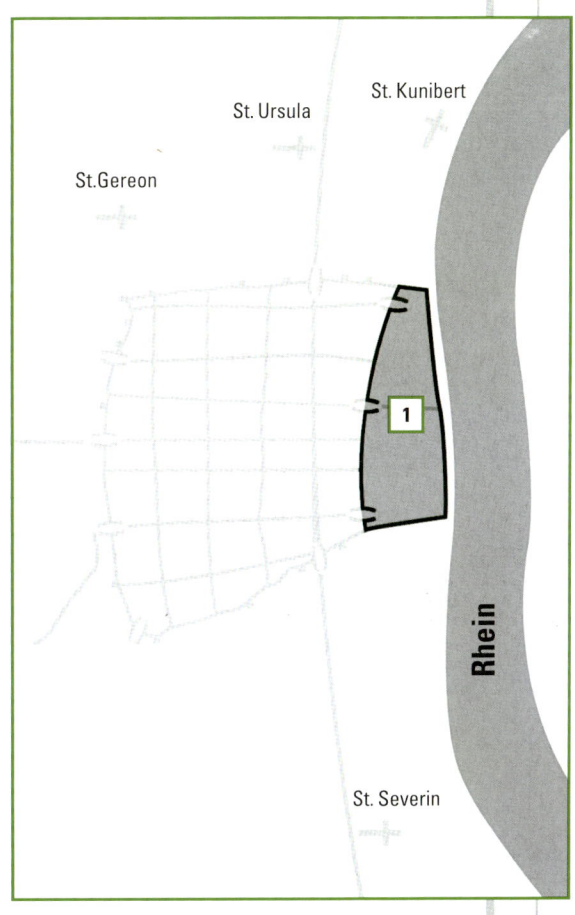

1 Erste Stadterweiterung: Seit der ersten Stadterweiterung nach 940 liegt Köln direkt am Rhein.

Im ostfränkischen, dem zukünftigen Deutschen Reich wurden die Karolinger als Kaiserfamilie abgelöst. Aber auch ihre Nachfolger, die Sachsenkaiser, stützten sich weiterhin auf die Kölner Erzbischöfe, vor allem Kaiser Otto I., der seinen jüngeren Bruder Bruno im Jahr 953 zum Erzbischof von Köln machte. Mit ihm wurden die Kölner Erzbischöfe die wahren Herren der Stadt und ihrer Umgebung, mächtigen Fürsten vergleichbar, die als Stellvertreter des Kaisers alle Rechte hatten und alle Einnahmequellen nutzen durften. Jetzt kassierten die Erzbischöfe Zölle und Steuern, waren die obersten Richter und hatten in allem das letzte Wort. Die Stadt profitierte zunächst davon, denn den Erzbischöfen lag schon lange daran, ihre »Zentrale« Köln zu einer mächtigen und prächtigen Stadt zu machen. Bereits vor der Zeit von Erzbischof Bruno kam es zur ersten Erweiterung der alten Römerstadt. Der östliche

Erzbischof Bruno mit der Kirche St. Pantaleon, ursprünglich eine Benediktinerabtei, 966 begonnen, damals noch außerhalb der Stadt gelegen.

Teil der Innenstadt, zwischen Dom, Altermarkt, Heumarkt und dem Rhein gelegen, den wir heute »Altstadt« nennen, wurde eingemeindet. Hier hatten sich vor der römischen Mauer Kaufleute und Fischer angesiedelt. Der alte Rheinarm, der in römischer Zeit den Hafen gebildet hatte, war schon lange zugeschüttet worden. Köln hatte hier ein Marktviertel am Fluss und war um ein gutes Stück größer geworden.

Der Reichtum der Erzbischöfe floss in den Bau und Ausbau von Kirchen und Klöstern. St. Pantaleon, Groß St. Martin und St. Andreas sind vom Erzbischof Bruno gegründete oder ausgebaute Kirchen. In der Kirche St. Pantaleon, damals noch außerhalb der Stadtmauern gelegen, wurde der später heilig gesprochene Erzbischof begraben. Dort befindet sich auch das Grab der Theophanu, der Frau Kaiser Otto II. Sie stammte aus Konstantinopel, dem heutigen Istanbul, und war eine griechische Prinzessin. Nach dem frühen Tod ihres Mannes sicherte sie ihrem minderjährigen Sohn Otto III. gegen den Aufstand des Herzogs Heinrich (»der Zänker«) von Bayern den Thron.

Köln im frühen Mittelalter

Unter dem Schutz Gottes: Kaiser Otto II. und Kaiserin Theophanu. Elfenbeintafel aus Konstantinopel.

Das Deutsche Reich erstreckte sich von der Nordsee bis nach Oberitalien. Es hatte keine feste Hauptstadt, und die Könige und Kaiser reisten mit ihrem ganzen Hofstaat ständig von Ort zu Ort. Und es war ein Kölner Erzbischof, der den noch jungen Kaiser Otto III. auf seinen Reisen begleitete, beriet und als Kanzler vertrat: Erzbischof Heribert. Etwa im Jahr 1000 gründete er im rechtsrheinischen Deutz ein Kloster und stattete es mit viel Land aus.

Nach den Rückschlägen zu Beginn der Frankenzeit erlebte Köln nun eine zweite Blüte. Die Stadt hatte sich flächenmäßig vergrößert, besaß einen Dom und war zum Stützpunkt mächtiger Herren geworden: Köln war die Stadt der Erzbischöfe.

Zum Ansehen Im Römisch-Germanischen Museum und im Erzbischöflichen Diözesanmuseum gibt es Grabbeigaben aus der Frankenzeit, vor allem Waffen und Schmuck, zu sehen.

Unterhalb des heutigen Kölner Doms befindet sich eine Ausgrabungsstätte, wo Teile des Doms aus der Karolingerzeit und der Zeit davor zu sehen sind.

Einen Besuch wert sind auch die Kirchen St. Pantaleon, St. Andreas und St. Kunibert.

Zum Weiterlesen Heiko Steuer: Die Franken in Köln. Köln 1980

Köln im hohen Mittelalter

Die Herrschaft der Erzbischöfe – Widerstand der Bürger – Die Patrizier – Die Heiligen Drei Könige – Der Wallfahrtsort Köln – Die zweite und dritte Stadterweiterung – Die große Stadtmauer – Der Beginn des Dombaus – Handwerk und Handel – Der Kampf um die Stadtherrschaft – Die Schlacht bei Worringen – Die freie Reichsstadt – Hansestadt Köln – Zünfte und Gaffeln gegen Patrizier – Der Verbundbrief – Die städtische Unterschicht – Die Kölner Juden – Köln am Ende des Mittelalters

Ein mächtiger, aber auch streitbarer Vertreter der Kölner Kirchenfürsten war Erzbischof Anno, der von 1056 bis 1075 regierte. Er hat wie seine Vorgänger die Zahl der Kirchen weiter vergrößert – die Kirche St. Georg ließ er bauen und St. Gereon vergrößern, aber in seiner Amtszeit begann eine Entwicklung, die in den folgenden Jahrhunderten die Geschichte der Stadt Köln entscheidend prägen sollte: der Kampf der Kölner Bürger gegen ihre Stadtherren, ein Kampf um politische Freiheit und Selbstbestimmung. Im Jahr 1074 brauchte Anno ein Schiff, um einen Besucher, den Bischof von Münster, heimreisen zu lassen. Er schickte seine Knechte los, und die beschlagnahmten einfach eines, das gerade im Hafen beladen wurde. Die Besitzer wehrten sich aber dagegen, andere Kölner Kaufleute halfen ihnen, und viel Volk lief zusammen. Die Knechte des Erzbischofs wurden verprügelt und verjagt, dann zogen alle aufgebracht wegen dieser Selbstherrlichkeit und Tyrannei zur erzbischöflichen Residenz neben dem alten Dom. Anno floh vor der anstürmenden Menge in den Dom und konnte sich durch einen Geheimgang, der sich unterhalb der Stadtmauer am Domhof befand, nach Neuss retten, wo er eine Burg besaß. Nach nur drei Tagen war er wieder da – mit einer Streitmacht im Rücken. Da wurde es den Kölnern doch mulmig, und sie gaben auf. Erneut Herr der Stadt räumte Erzbischof Anno unter den Aufständischen grausam auf. Viele wohlhabende Kaufleute wurden aus der Stadt vertrieben, ihre Besitztümer beschlagnahmt und den Anführern des Aufstands zur Strafe die Augen ausgestochen. Begraben liegt der später heilig gesprochene Anno in der ebenfalls von ihm gegründeten Abteikirche in Siegburg.

Erzbischof Anno und die von ihm in Köln gegründeten oder ausgebauten Kirchen: St. Maria ad Gradus (im neunzehnten Jahrhundert abgerissen), St. Georg, St. Gereon und Groß St. Martin.

Nach dieser ersten Machtprobe gab es zwischen den Kölner Bürgern und ihren Erzbischöfen immer wieder Spannungen, oft genug waren es sogar richtige Feindschaften. Die reichen Kaufleute, die führende Schicht in der Bürgerschaft, waren es leid, sich von einem Stadtherrn – egal ob Erzbischof oder Fürst – herumkommandieren und zur Kasse bitten zu lassen. Denn sie hatten zwar Geld, aber keine politische Macht. So gingen die Interessen der Erzbischöfe und der Kaufleute immer weiter auseinander. Aber wer waren diese Kaufleute? Nun, auf keinen Fall irgendwelche kleinen Ladenbesitzer aus der Altstadt, sondern Fernhan-

Köln im hohen Mittelalter

delskaufleute mit Geschäftsbeziehungen nach Holland und England, Frankreich, den Oberrhein und Italien. Sie handelten mit Wollstoffen, Waffen, Holz, Eisen und anderen Metallen, mit Wein und Fisch, der nicht nur in der sechswöchigen Fastenzeit vor Ostern, wenn kein Fleisch gegessen werden durfte, sehr gefragt war, und natürlich mit den hochwertigen Produkten der Kölner Handwerker, insbesondere mit Tuchen. Dabei wurden einige sehr reich, zumal Köln die besten Voraussetzungen für eine bedeutende Handelsstadt hatte: Der Rhein war auch damals schon ein idealer Schifffahrtsweg, und an ihm entlang verlief zusätzlich eine Straße von Holland bis in die Schweiz. In Köln kreuzten sich diese Wege mit den Handelsstraßen, die von Belgien und Frankreich kamen und jenseits des Rheines weiter in den Osten und Norden Europas führten. Zudem war Köln eine stark befestigte, sichere Stadt mit großen Marktplätzen. Der Wohlstand der reichen Bürgerschaft

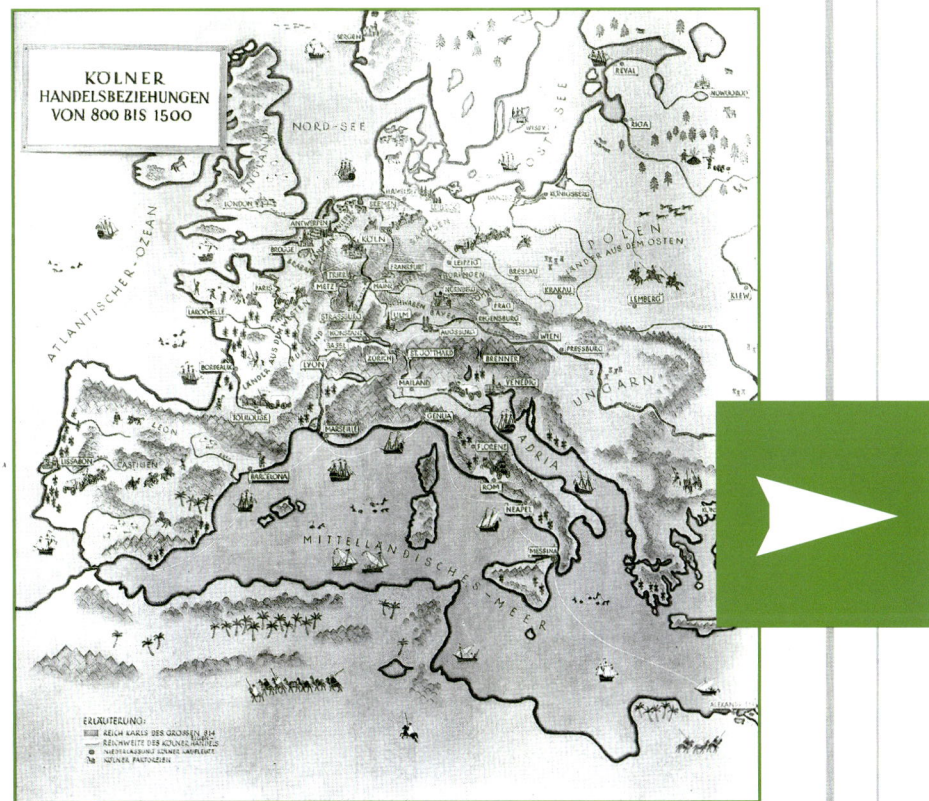

Köln, ein Zentrum des Fernhandels in Europa.

offenbarte sich in festen Steinhäusern, die mit der Zeit zu städtischen Palästen ausgebaut wurden. Die Kaufleute ahmten das Leben der Adeligen nach und nannten sich, wie die Oberschicht im alten Rom, Patrizier. Und sie wollten selbst entscheiden, was in Köln gemacht wurde und was nicht.

Die nächste Auseinandersetzung ließ nicht lange auf sich warten. Schon 1062, also noch vor dem ersten Aufstand der Kölner Bürger, hatte Erzbischof Anno den damals elfjährigen König und späteren Kaiser Heinrich IV., dessen Vater gestorben war, auf sein Boot gelockt und entführt, um ihn in Köln in seinem Sinne zu erziehen. Seit 1066 regierte Heinrich selbst und bekam einige Jahre später Ärger mit dem Papst, der nicht länger hinnehmen wollte, dass Könige bestimmten, wer wo Erzbischof oder Bischof wurde. Der Papst sprach einen Bann gegen Heinrich IV. und schloss ihn damit aus der Kirche aus. Sein eigener Sohn, Heinrich V., erklärte ihn einige Zeit später für abgesetzt. In dem dadurch ausgelösten Krieg zwischen Vater und Sohn ergriff der Kölner Erzbischof die Partei des Sohnes, die Kölner Bürger dagegen die des Vaters. Als Heinrich IV. aus der Gefangenschaft seines Sohnes fliehen konnte, ließen die Kölner ihn in die Stadt. Im Gegenzug erlaubte ihnen der alte Kaiser, die Stadt zu vergrößern und eine neue Befestigung zu bauen, was eigentlich nur dem Erzbischof zustand. Diese Gelegenheit haben die Kölner Bürger sofort genutzt und ihr Stadtgebiet bei dieser zweiten Erweiterung mehr als verdoppelt. Stadtbefesti-

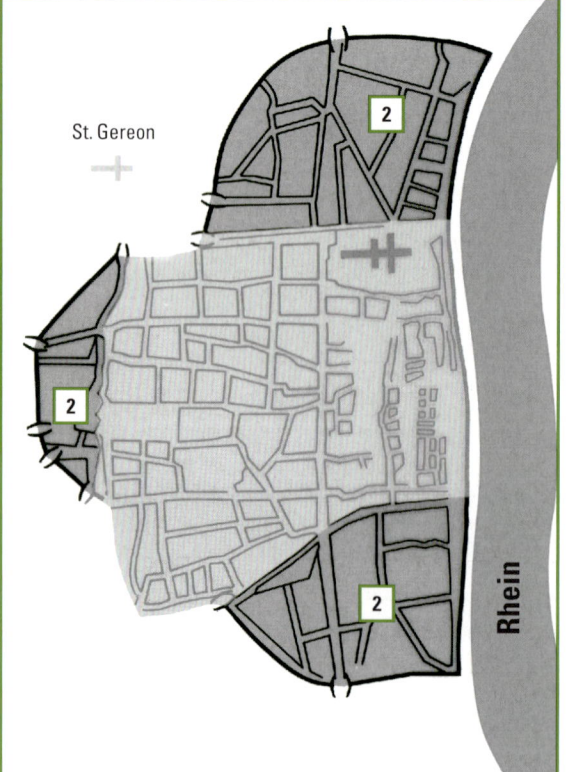

2 Die zweite Stadterweiterung von 1106. Köln ist jetzt an allen vier Seiten über die Grenzen der Römerstadt hinausgewachsen.

Köln im hohen Mittelalter

gung und Stadtverteidigung waren von nun an nicht mehr Sache der Erzbischöfe, sondern der Bürgerschaft, sie besaß jetzt die »Wehrhoheit«.

Schon bald danach legten sich die Bürger ein so genanntes »Bürgerhaus«, also ein Rathaus zu. Hier übernahmen die Vertreter der einzelnen Gemeinden Aufgaben der städtischen Selbstverwaltung, zum Beispiel führten sie die Schreinskarten und Schreinsbücher, in denen genau verzeichnet wurde, wer in Köln welche Grundstücke oder Häuser besaß.

Auch im zwölften Jahrhundert waren die Kölner Erzbischöfe mehr mit der Reichspolitik beschäftigt und als Begleiter und Kanzler der Kaiser oft monate- und jahrelang gar nicht in der Stadt anwesend. So war Erzbischof Reinald von Dassel als engster Mitarbeiter des Kaisers Friedrich Barbarossa mehr in Italien als in Köln. Dafür hat er seiner Stadt aber auch etwas Feines mitgebracht. Als die Armee des Kaisers 1162 nach langer Belagerung die Stadt Mailand eroberte, bekam Reinald – als Anteil an der Beute – die Gebeine der Heiligen Drei Könige, die in einer Mailänder Kirche ruhten. Ob es sich dabei wirklich um die Überreste, Knochen und Schädel der Weisen handelte, von denen die Bibel erzählt, dass sie im Stall von Bethlehem dem neugeborenen Gottessohn Gold, Weihrauch und Myrrhe schenkten – das darf

Ankunft der Gebeine der Heiligen Drei Könige in Köln. Das Bild stammt aus dem Jahr 1622. Der Zeichner lässt die feierliche Prozession am Bayenturm in die Stadt einziehen, und im Hintergrund wartet schon der halbfertige Dom. Beide aber gab es 1164 noch nicht.

man heute mit gutem Grund bezweifeln, aber lange waren die Menschen fest davon überzeugt. 1164 sind die Särge in Köln angekommen und in den alten Dom gebracht worden. Was aber war so besonders an diesen Gebeinen? Reliquien, Überreste von Heiligen oder den Christen heiligen Gegenständen, waren ungeheuer wertvoll.

Man glaubte damals und manche glauben auch heute noch, dass von ihnen eine Kraft ausstrahlt, dass sie Wunder wirken können oder einen besonderen Schutz für ihre Umgebung darstellen. Darum wurden Reliquien verehrt, ausgestellt, und auch Handel wurde mit ihnen getrieben. Köln hatte bereits die Reliquien der heiligen Ursula und ihrer Begleiterinnen und die des heiligen Gereon, aber die Heiligen

Drei Könige stellten alles in den Schatten. Mit ihnen wurde die Stadt zum Wallfahrtsort ersten Ranges und lockte jährlich tausende Pilger – sozusagen die ersten Touristen – an, die viel Geld ausgaben: für die Übernachtung, für Essen und Trinken und vielleicht auch für Souvenirs. Außerdem wurde es Brauch, dass die traditionell in Aachen am Grab Karls des Großen gekrönten deutschen Könige anschließend nach Köln kamen, um das Grab der, wie man glaubte, ersten christlichen Könige zu besuchen.

Die Stadt hat die drei Königskronen in ihr Wappen aufgenommen. Um diesen Reliquienschatz angemessen zu präsentieren, wurde der berühmte Goldschmiedemeister Nikolaus von Verdun mit dem Bau eines kostbaren Schreins aus Gold beauftragt, in dem die Überreste der Heiligen Drei Könige gebettet sind.

Der Dreikönigenschrein im Dom ist bis heute eine der bedeutendsten Sehenswürdigkeiten der Stadt. Auf seiner Vorderseite sieht man die Anbetung des neugeborenen Jesus durch die Drei Könige dargestellt, auf der Rückseite befindet sich ein Brustbild des Erzbischofs Reinald von Dassel.

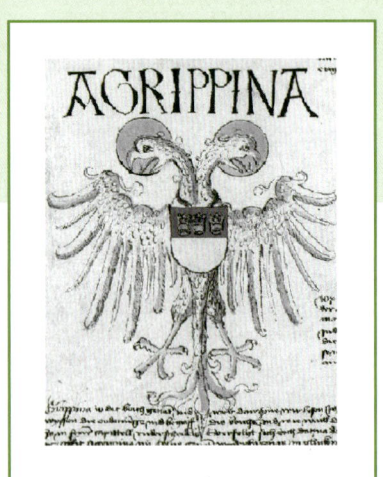

Kölner Wappen. Das Wappen der Stadt Köln ist im dreizehnten Jahrhundert entstanden und besteht aus einem rot-weißen Schild mit den goldenen Kronen der Drei Könige im oberen Feld. Rot und Weiß waren die Farben der Hanse, in der Köln ein prominentes Mitglied war. Erst im sechzehnten Jahrhundert wurden die elf Flammen als Symbol für die heilige Ursula und ihre Gefährtinnen in das Wappen aufgenommen.

Köln im hohen Mittelalter

Die zweite Stadterweiterung von 1106 stellte sich bald als unvollständig und unpraktisch heraus. Bedeutende Kirchen und Wohngebiete – so zum Beispiel St. Severin, St. Pantaleon und St. Gereon – lagen weiterhin außerhalb der Stadt. Aus diesem Grund wurde im Jahr 1180 Köln ein drittes Mal vergrößert, und dieses Mal aber richtig. Gegen den Willen des Erzbischofs, dem man eine gehörige Entschädigung zahlen musste, entstand in den folgenden Jahrzehnten die große, siebeneinhalb Kilometer lange Stadtmauer, die sich im Halbkreis vom Rheinufer zum Rheinufer zog. Diese Mauer hatte zwölf Tore, die wie Burgen ausgebaut waren, zweiundfünfzig Türme und einen Stadtgraben. Als sie in den Jahren nach 1880 abgerissen wurde, hat man das nördliche Eigelsteintor, das westliche Hahnentor und das südliche Severinstor sowie einige hundert Meter Mauer am Hansaring und am Sachsenring stehen lassen, so dass wir uns die abschreckende Wucht dieser Befestigungsanlage gut vorstellen können. Auch entlang des Rheines wurde eine Mauer gebaut,

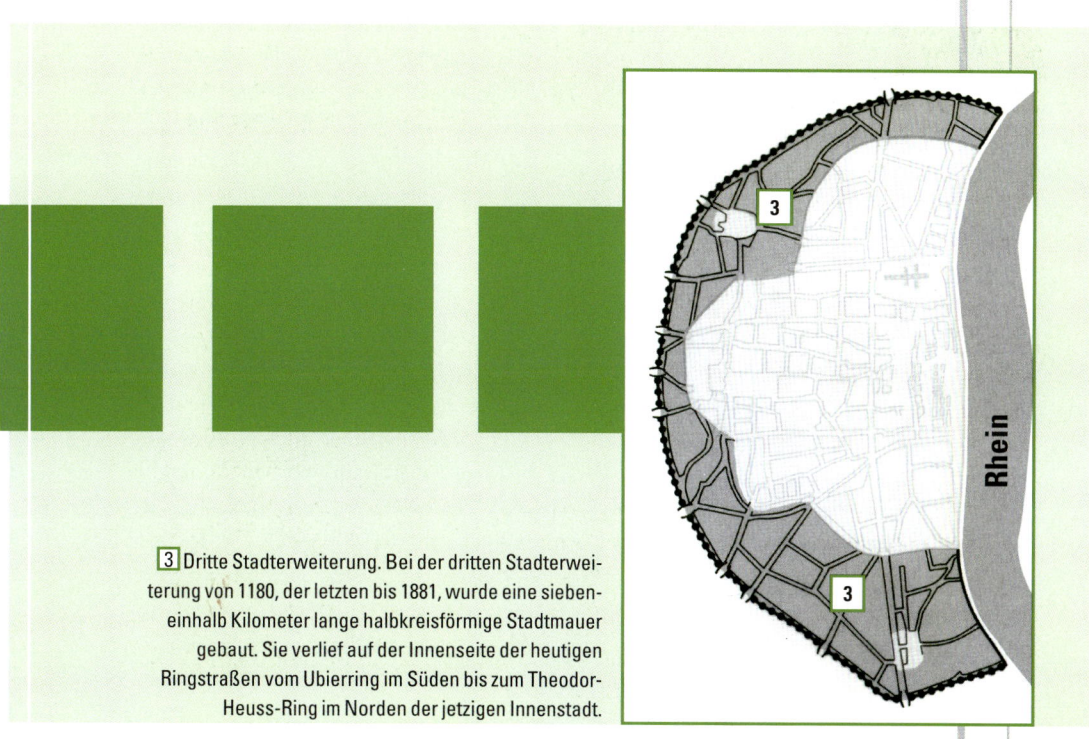

3 Dritte Stadterweiterung. Bei der dritten Stadterweiterung von 1180, der letzten bis 1881, wurde eine siebeneinhalb Kilometer lange halbkreisförmige Stadtmauer gebaut. Sie verlief auf der Innenseite der heutigen Ringstraßen vom Ubierring im Süden bis zum Theodor-Heuss-Ring im Norden der jetzigen Innenstadt.

Teil der mittelalterlichen Stadtmauer am Sachsenring.

durch die kleinere Tore zum Ufer und Hafen führten. Das von der Mauer umschlossene Stadtgebiet, mehr als vierhundert Hektar groß, war keinesfalls völlig besiedelt, sondern es gab in der Stadt Äcker, Weingärten und Weiden. Man hatte auf Zuwachs gebaut, aber erst siebenhundert Jahre später, am Ende des neunzehnten Jahrhunderts, ist es den Kölnern endgültig zu eng geworden in ihrem Mauerring, und sie haben ihn niedergelegt.

Die Stadtmauer von 1180 war gerade fertig geworden, da besetzte sie Erzbischof Engelbert II. von Falkenburg mit seinen eigenen Soldaten und ließ die beiden Ecktürme am Rhein, den Kunibertsturm im Norden und den Bayenturm im Süden, zu Festungen ausbauen. Die Kölner Bürger als die eigentlichen Erbauer und Besitzer der Stadtbefestigung waren darüber so empört, dass sie nicht nur die Mauer zurückeroberten, sondern den Erzbischof kurzerhand gefangen nahmen. Als er wieder freikam, verlegte er seinen Wohnsitz nach Bonn. Seitdem mussten er und seine Nachfolger vor jedem Besuch in Köln schwören, nichts gegen die Freiheit Kölns zu unternehmen. Nicht immer haben sie dieses Versprechen auch gehalten.

Ein anderer Erzbischof, der sich genau wie seine Vorgänger und Nachfolger heftig mit der Kölner Bürgerschaft gestritten hat, sollte den Kölnern trotzdem in besserer Erinnerung bleiben: Konrad von Hochstaden. Erzbischof und Bürger waren sich einig, dass der alte Dom nicht mehr gut genug war. Köln besaß inzwischen viele eindrucksvolle und reich ausgestattete Kirchen im romanischen Stil – St. Aposteln, St. Gereon, Groß St. Martin, St. Georg, St. Severin, St. Pantaleon, St. Kunibert, St. Andreas, St. Maria im Kapitol, St. Ursula –, die alle ihr heutiges Aussehen im zwölften und dreizehnten Jahrhundert erhalten haben. Der Dom als Haupt- und Bischofskirche, als Aufbewahrungsort der Heiligen Drei Könige und Wallfahrtsort wirkte dagegen richtig bescheiden. So wurde am 15. August 1248 der Grundstein für einen neuen Dom gelegt, der alle anderen Kölner Kirchen überragen sollte. Inzwischen war in Frankreich ein neuer Baustil modern geworden, die Gotik, deren

Köln im hohen Mittelalter

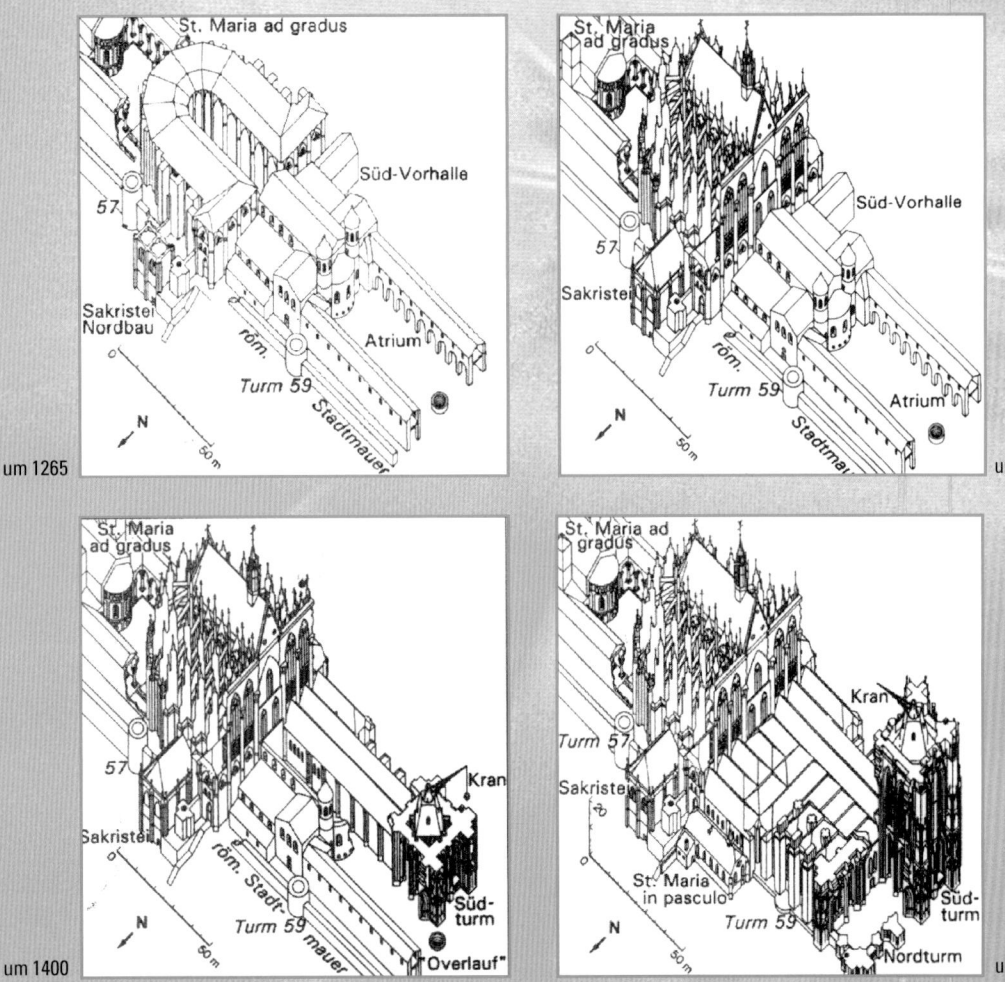

um 1265

um 1322

um 1400

um 1530

Phasen des Dombaus. Die ersten dreihundert Jahre Dombau bis zur vorläufigen Einstellung 1560. Man erkennt gut, welche Teile des heutigen Doms aus dem Mittelalter stammen.

Besonderheit hoch aufragende, helle Kirchengebäude mit hohen Türmen und vielen Fenstern war. Genau so sollte der neue Dom werden – ein Meisterwerk im gotischen Stil.

Nach den Plänen des Dombaumeisters Gerhard baute man zunächst den Chor der Kirche, den östlichen Teil des Doms, in dem sich das Chorgestühl, der Hochaltar, der Dreikönigenschrein und der ihn umgebende Kranz von Kapellen befindet. Das Baumaterial holte man per Schiff aus dem nahe gelegenen Siebengebirge, den Trachyt vom Drachenfels. 1322 war der Chor vollendet, man trennte ihn mit einer Mauer, die bis 1863 stehen blieb, vom Rest der Baustelle ab, richtete ihn ein, schmückte ihn aus und stellte den Schrein auf. Köln hatte jetzt wieder eine, wenn auch nur zum Teil fertige Bischofskirche.

Konrad von Hochstaden, dessen Grabmal sich im Dom befindet, hat der Stadt aber noch etwas anderes Bleibendes und sehr Nützliches hinterlassen: das »Stapelrecht«. In Köln liegt die Grenze zwischen dem breiteren, tieferen Niederrhein, den man mit größeren Schiffen befahren konnte, und dem engeren und kurvigen Mittelrhein, für den man kleinere Boote brauchte. Mit der Zeit war es üblich geworden, dass die Waren in Köln von den »Oberländern«, den kleinen, flacheren Schiffen, auf die »Niederländer«, die größeren mit mehr Tiefgang, umgeladen wurden, oder umgekehrt. Und da man schon beim Aus- und Umladen war, bot man die Sa-

Albertus Magnus (1192–1280). Im Jahr der Grundsteinlegung des Doms, 1248, kam von der Universität Paris der gelehrte Dominikanermönch Albertus an die Schule seines Ordens in Köln. Er war, zusammen mit seinem Schüler Thomas von Aquin, einer der großen Universalgelehrten des Mittelalters und unterrichtete den Ordensnachwuchs in Theologie, Philosophie und Naturwissenschaften. In dem Dauerstreit zwischen den Erzbischöfen und den Bürgern hat er mehrfach vermittelt und Kompromisse gefunden. Das Grab des 1931 heilig gesprochenen Albertus Magnus befindet sich in der Kirche St. Andreas in der Komödienstraße.

Köln im hohen Mittelalter

chen in Köln auch zum Verkauf an. Kaufen durften aber an den ersten drei Tagen nur Kölner Kaufleute. Aus dieser alten Gewohnheit machte Erzbischof Konrad im Jahr 1259 ein Recht und für die auswärtigen Kaufleute einen Zwang: Von nun an mussten alle in Köln zu Wasser und zu Land ankommenden Waren ausgeladen, gestapelt und mindestans drei Tage zum Verkauf angeboten werden. Vorher wurden sie noch geprüft: Waren von guter Qualität erhielten das Kölner Gütesiegel und konnten dann in der Stadt oder an anderen Handelsplätzen verkauft werden. Was minderwertig oder fehlerhaft war, wurde verbrannt oder in den Rhein geworfen. Dieses Stapelrecht blieb den Kölnern bis in die Neuzeit hinein erhalten. Als man die Erzbischöfe endlich los war, haben die Kaiser diese Genehmigung immer wieder erneuert, und die Kölner Kaufleute verdienten gut daran. Aber nicht nur sie: Märkte, Markthallen und Lagerhäuser, zum Beispiel das »Stapelhaus«, mussten gebaut werden, Schiffe ent- und beladen werden, Waren auf Karren hin und her transportiert werden. Köln wurde um diese Zeit eine wichtige Messestadt, in der Händler aus vielen Ländern Europas ihre Waren ausstellten, verkauften oder einkauften. Besonders der Tuchhandel florierte. Und weil nur mit Kölner Geld bezahlt werden durfte, profitierten davon auch die Geldwechsler, die Vorläufer der Bänker.

Die Geschäfte liefen gut in Köln. Am besten liefen sie aber für kaum mehr als ein Dutzend Patrizierfamilien, die überall mitmischten. Zu ihnen gehörten die Familien Overstolz, von der Aducht, Lyskirchen, Hardefust, Gryn und ein paar andere mehr. Sie nannten sich die »Geschlechter« und ließen sich mit »Ritter« anreden. Und das mit einigem Recht, denn manche erhielten den Ritterschlag. Ihre Stadthäuser waren kleine Paläste, und manche von ihnen besaßen auch außerhalb von Köln weitere Rittergüter. Aus diesen Familien kamen die fünfzehn Mitglieder des so genannten »Engeren Rates«, die Ratsherren. Der Rat, dem zwei Bürgermeister aus seiner Mitte vorstanden, tagte dreimal wöchentlich im oben erwähnten Rathaus und fühlte sich für die Innen-, Wirtschafts- und Außenpolitik Kölns zuständig, was zu dauernden Konflikten mit den Erzbischöfen führte.

Das Kölner Stadtsiegel. Es zeigt den heiligen Petrus, in der rechten Hand die Schlüssel, umgeben von einer Stadtmauer und trägt die Aufschrift: SANCTA COLONIA DEI GRATIA ROMANAE ECCLESIAE FIDELIS FILIA (= Heiliges Köln, durch Gottes Gnade treue Tochter der römischen Kirche).

Köln im hohen Mittelalter

Oberländer- und Niederländerschiffe.

Aber es gab noch weitere wichtige Zusammenschlüsse in der Bürgerschaft, zum Beispiel die Zünfte. In ihnen waren alle Handwerksmeister eines Berufszweigs in einer Stadt, etwa die Bäcker, Schmiede, Leinenweber oder Bierbrauer, vereinigt. Mehr als vierzig solcher Zünfte gab es in Köln. Auch in anderen mittelalterlichen Städten organisierten sich im dreizehnten und vierzehnten Jahrhundert die Handwerker in solchen genossenschaftlichen Vereinigungen. Eine Kölner Besonderheit aber waren die Zünfte, die nur aus Frauen bestanden, nämlich die der Goldspinnerinnen und der Garn- und Seidenmacherinnen. Die Zunftgenossinnen und Zunftgenossen stimmten die Qualität und die Preise ihrer Produkte ab, sie teilten den Markt untereinander auf und halfen einander in Notsituationen. Für die Beratungen und Feiern hatten sie ihre eigenen Zunfthäuser. Schon im dreizehnten, mehr aber noch im vierzehnten Jahrhundert haben sie sich in die Stadtpolitik eingemischt, wobei ihre Interessen sich immer weniger mit denen der Patrizier deckten. Lediglich gegen die Erzbischöfe waren sich Patrizier und Zünfte immer einig. Die seit dem dreizehnten Jahrhundert nicht mehr in Köln lebenden Erzbischöfe ließen nämlich nichts unversucht, das Rad der Entwicklung zurückzudrehen und sich wieder zu unumschränkten Stadtherren zu machen.

Es war der Erzbischof Siegfried von Westerburg, der im Norden vor der Stadt, in Worringen, eine feste Burg bauen ließ. Ob er damit in erster Linie die Stadt bedrohen und vom Handelsverkehr auf dem Rhein und zu Land Zölle kassieren wollte oder ob sie – wie er behauptete – dem Schutz des Erzbistums gegen andere Landesherren, etwa den Grafen von Jülich, dienen sollte, ist heute schwer zu beantworten, die Kölner Bürger fühlten sich damals jedenfalls von der Worringer Burg bedroht. Als Siegfried mit den Nachbarn seines Erzbistums, den Herzögen von Brabant, den Grafen von Berg und den Grafen von Jülich und Kleve in einen Krieg um Land und Grenzen geriet, nutzten die Kölner Bürger die Gelegenheit und zogen mit in den Krieg gegen ihren eigenen Erzbischof. Aber auch der hatte starke Verbündete in den Grafen von Luxemburg, Nassau und Geldern. Am 5. Juni 1288 kam es auf der Fühlinger Heide vor Worringen zu einer der größten Schlachten, die im Mittelalter im Rheinland stattgefunden haben. Nach einem lange unentschieden verlaufenden Kampf geriet Erzbischof Siegfried von Westerburg in Gefangenschaft, die Kölner aber standen auf der Seite der Sieger. Damit war es mit der Herrschaft der Kölner Erzbischöfe in der Stadt endgültig vorbei, und Köln eigentlich jetzt schon seinem Status nach eine freie Reichsstadt, die nur den Kaiser als Herrn anerkannte. Den Titel und die Urkunde dazu hat die Stadt erst 1475 von Kaiser Friedrich III. verliehen bekommen.

Die Erzbischöfe regierten aber weiter im Erzbistum Köln. Seitdem fanden sich auf den Landkarten zwei Kölns: die freie Reichsstadt, das heißt die ummauerte Stadt

Köln im hohen Mittelalter

Die Schlacht bei Worringen. Am 5. Juni 1288, einem Samstag, kämpften zwischen den heutigen Vororten Worringen, Fühlingen und Rheinkassel-Langel auf beiden Seiten etwa zehntausend Männer. Die brabantischen Truppen, zu denen die Stadtkölner gehörten, standen im Süden mit dem Rücken zur Stadt, die Soldaten des Erzbischofs und seiner Verbündeten im Norden in Richtung Köln. An den ersten Angriff der erzbischöflichen Truppen schloss sich ein langer Kampf Mann gegen Mann an, bei dem der Kölner Erzbischof schließlich vom Grafen von Berg gefangen genommen und auf die andere Rheinseite gebracht wurde. Bis Juli 1289 blieb er im Schloss Burg an der Wupper eingesperrt.

am Rhein, und das Kurfürstentum, das die Erzbischöfe von Bonn oder Brühl aus verwalteten. Die Kölner Erzbischöfe waren zugleich auch Kurfürsten, weil sie zu den Fürsten gehörten, die den König wählen, ihn also »küren« durften. Nach Köln sind sie meist nur noch gekommen, um an hohen Feiertagen im Dom einen Gottesdienst abzuhalten.

> Nach der Schlacht von Worringen bekam Köln eine bis heute interessante Nachbarin: Die Grafen von Berg, die ebenfalls zu den Siegern zählten, verliehen der Siedlung »Dusseldorp« (= Düsseldorf) das Stadtrecht und machten sie im sechzehnten Jahrhundert zu ihrer Residenzstadt.

Die eigentlichen Gewinner dieser Schlacht waren in Köln natürlich die Patrizier, deren Anführer Gerhard von Overstolz als einziger Kölner im Kampf gestorben war. Für sie brach jetzt ein Jahrhundert an, in dem sie im Rat allein und zu ihren eigenen Gunsten bestimmen konnten, was in Köln passierte. Sie kontrollierten den Handel,

Hansasaal im Kölner Rathaus.

Siegel der Universität.

den Markt und die Messen. Mit anderen norddeutschen Städten war man in der »Hanse« verbunden, einem Handels- und Wirtschaftsbündnis, das mehr und mehr auch militärische Macht entwickelte. Die Hanse besaß in den wichtigsten Handelsstädten Nordeuropas, in London und Brügge, im norwegischen Bergen und in Riga, ja sogar in Nowgorod im fernen Russland Niederlassungen, die die Geschäfte der Hansestädte betrieben und für Kaufleute aus der Heimat Unterkunft und sichere Lagerräume boten. Sie kümmerte sich ferner um die Sicherheit der Handelsstraßen vor Piraten, Wegelagerern und Raubrittern und setzte – notfalls mit Gewalt – durch, dass auf die Waren ihrer Mitglieder keine zusätzlichen Zölle erhoben wurden. Bis ins sechzehnte Jahrhundert hat Köln in diesem Bund eine wichtige Rolle gespielt, der Hansasaal im Rathaus erinnert noch an diese Zeit.

Auf Bitten des Stadtrates erlaubte Papst Urban VI. 1388 die Gründung der Universität Köln, die damit eine der ältesten Hochschulen nördlich der Alpen ist. Sie war die erste Universität in Deutschland, die nicht von einem Landesherrn, sondern von den Bürgern einer Stadt gegründet wurde, und zog schon bald Professoren und Studenten aus dem ganzen Reich und anderen europäischen Ländern nach Köln.

Wie zuvor die selbstherrlichen Erzbischöfe bekamen im Laufe des vierzehnten Jahrhunderts auch die vornehmen Patriziergeschlechter Konkurrenz von unten, nämlich von den Zünften, auch »Ämtern« genannt, und den Gaffeln, in denen sich Kaufleute und Haus- und Grundbesitzer zusammentaten. Sie bildeten die städtische Mittelschicht und wollten endlich Mitspracherecht, vor allem als immer offensichtlicher wurde, dass die Patrizier nur in die eigenen Taschen wirtschafteten. Immer neue Verordnungen, die hauptsächlich den Reichen nutzten, erließ der »Engere Rat«. Der »Weitere Rat« jedoch, in dem Zünfte und Gaffeln vertreten waren, hatte dagegen kaum etwas zu sagen. Auch mit der Verwaltung der städtischen Gelder nahm es der »Engere Rat« nicht so genau, es kam zu mehreren Finanzskandalen, weil sich einige schamlos am Allgemeineigentum vergriffen. Für die meisten Kölner hatte sich also gar nicht so viel verändert, anstelle der verhassten Erzbischöfe

Köln im hohen Mittelalter

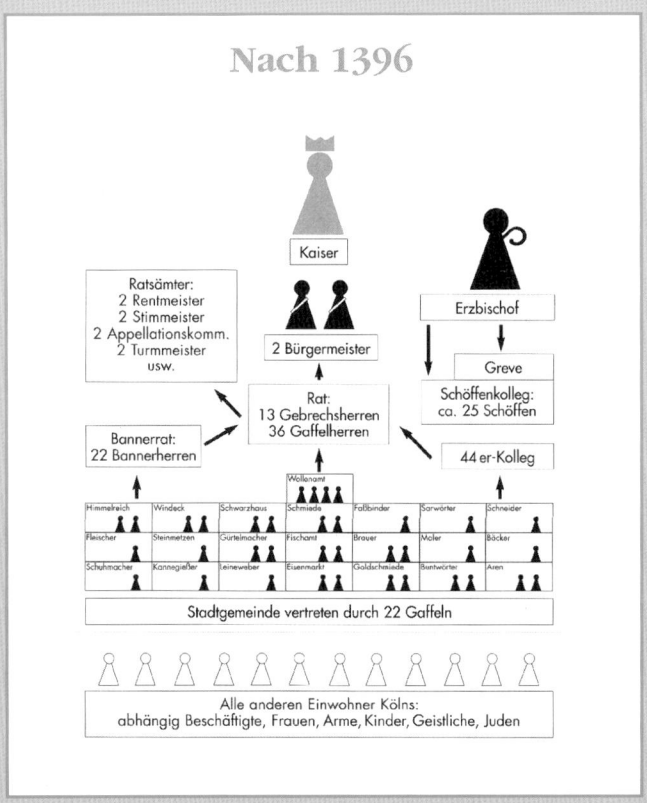

Die Kölner Regierung. Die Stadt ist nur dem Kaiser unterstellt. Der wichtigste Entscheidungsträger ist der Rat, von dessen 49 Mitgliedern 36 nach einem feststehenden Schlüssel von den Gaffeln gewählt werden. Die fehlenden 13 Ratsmitglieder (das »Gebrech«) werden vom Rat aus beliebigen Gaffeln dazugewählt. Der Rat wählt die beiden Bürgermeister. Um den Rat nicht zu selbstherrlich werden zu lassen, musste bei wichtigen Entscheidungen, z.B. zu Krieg und Frieden, Bündnissen oder großen Geldausgaben, der Rat der 44er, in dem je zwei Vertreter der 22 Gaffeln saßen, hinzugezogen werden. Der Erzbischof hat immer noch das Hochgericht, die Blutgerichtsbarkeit, die er durch den von ihm ernannten Greven und die Schöffen ausüben lässt.

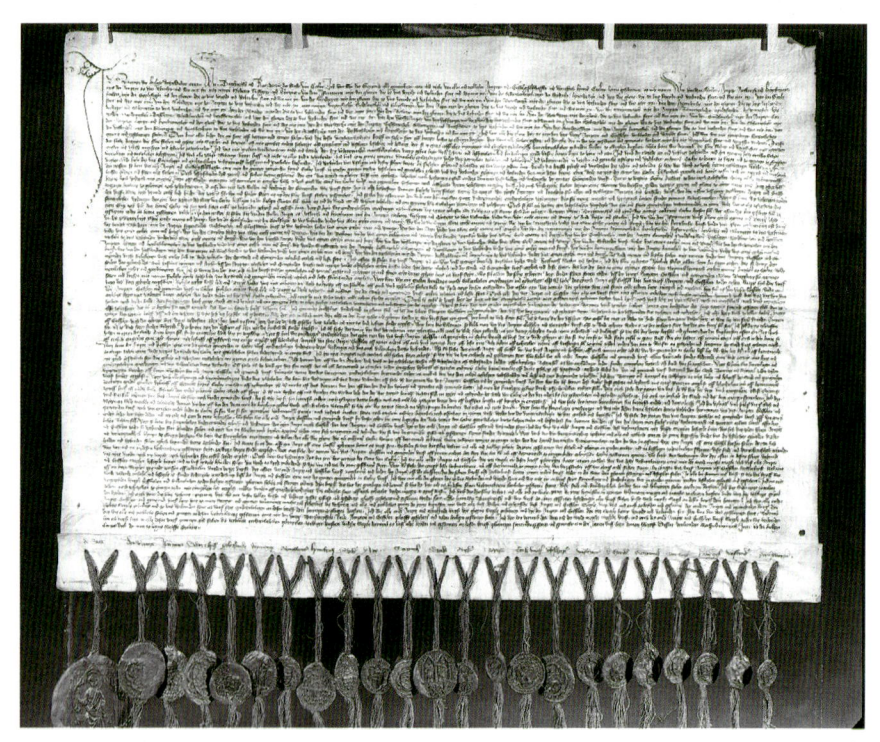

Der Verbundbrief, die Kölner Verfassung von 1396–1796, trägt das Siegel der Stadt Köln und die 22 Siegel der Gaffeln, die sich in dieser Verfassung unauflöslich miteinander »verbunden« haben.

waren die Patrizier getreten. 1370 war es zu einem mehrwöchigen blutigen Aufstand der Weberzunft gekommen, den die Patrizier zwar noch niederschlagen konnten, weil die Weber von den anderen Zünften nicht unterstützt worden waren, aber im Sommer 1396 stürzten die nunmehr vereinigten Zünfte und Kaufleute die Herrschaft der Patrizier in einem kurzen, schnellen Kampf. Um eine Rückkehr zu den alten Zuständen zu verhindern und dauerhafte Gerechtigkeit in Köln zu sichern, beschlossen die siegreichen Gaffeln und Zünfte eine neue Verfassung, den »Verbundbrief«. Im Verbundbrief, der vierhundert Jahre gültig blieb, wurde festgelegt, dass die Stadt von einem neunundvierzig Mitglieder starken Rat regiert wird, der aus Vertretern der zweiundzwanzig Gaffelgesellschaften, in die man die Handwerkerzünfte und die Kaufleute eingeteilt hatte, zusammengesetzt war.

Köln im hohen Mittelalter

Die 49 Mitglieder des Rates in der üblichen Kleidung Kölner Ratsherren bei einer Sitzung.

Der Gürzenich trägt seinen Namen nach der Familie, die an dieser Stelle einen Hof besessen und an die Stadt verkauft hatte.

Vertreten wurde die Stadt durch zwei vom Rat gewählte Bürgermeister, die nur ein Jahr im Amt sein durften, aber zwei Jahre später wieder gewählt werden konnten. Jede Gaffel war zudem für die Bewachung und Instandhaltung eines bestimmten Abschnitts der Kölner Stadtbefestigung zuständig. Damit war eine Ordnung geschaffen, mit der man in Köln trotz mancher Unzufriedenheit bis zum Ende der freien Reichsstadt gelebt hat, also bis 1794. Das Selbstbewusstsein der Sieger dieses Machtkampfes, der Zünfte und Gaffeln, zeigt sich im Bau von zwei Gebäuden, die bis heute zu den bekanntesten und schönsten der Stadt gehören: dem reich verzierten Rathausturm und dem städtischen Tanz- und Festhaus, dem »Gürzenich«. Beide wurden in der ersten Hälfte des fünfzehnten Jahrhunderts erbaut.

Mit dem Verbundbrief ist aber nicht automatisch Demokratie in Köln eingekehrt. Etwa vierzigtausend Einwohner hatte die Stadt im vierzehnten und fünfzehnten Jahrhundert und war damit mit Paris, Brügge, London und Florenz eine der größten Städte Europas. Das Bürgerrecht besaßen aber nur die Patrizier und die Mitglieder der Gaffeln, also Handwerksmeister, Kaufleute, Haus- und Grundbesitzer. Und das war nicht einmal ein Zehntel der Kölner Bevölkerung. Welche anderen Gruppen gab es, die nichts zu sagen hatten?

Nun, wo sollen wir anfangen bei so vielen? Zunächst waren da die Frauen, denn Politik war damals reine Männersache. Erst 1919 werden Frauen in Deutschland das Wahlrecht bekommen. Es waren aber nicht alle Frauen den Männern untergeordnet. Von den Frauenzünften haben wir bereits gehört. Eine andere Gruppe selbstbewusster und keineswegs rechtloser Frauen waren die Beginen. Das waren unverheiratete oder verwitwete Frauen, die in Beginenhäusern fromme Lebensgemeinschaften

60

Köln im hohen Mittelalter

bildeten und sich oft der Krankenpflege widmeten. Über 100 solcher Beginenhäuser hat es in Köln gegeben. Rechtlos waren in Köln dagegen die Gesellen und Lehrlinge, die in den Handwerksbetrieben arbeiteten. Sie verdienten kaum etwas und wurden mit Unterkunft und Essen im Haus des Meisters entlohnt. Ähnlich oder noch schlimmer erging es den vielen tausend Arbeitern, zum Beispiel im Hafen, Dienern, Knechten, Mägden und Tagelöhnern. Viele von ihnen waren Nachkommen von unfreien Bauern, die ihren Herren auf dem Land weggelaufen waren und nun in der Stadt zwar frei waren, aber arm und ohne Bürgerrecht. Die unterste Schicht bildeten die Angehörigen so genannter »unehrlicher Berufe«, die keine eigene Zunft hatten. Zu ihnen gehörten die Bader, eine Mischung aus Friseuren, Sanitätern und Zahnärzten, oder die Totengräber, ebenso die Henker und die »Schissefeger«, die die Jauche aus der Stadt schafften. All diese Gruppen, von den Gesellen über die Knechte, Tagelöhner bis hin zu den »unehrlichen Berufen«, bildeten den größten Anteil an der Stadtbevölkerung, die Unterschicht. Sie wurden in der Stadt nur geduldet, weil man sie brauchte. Rechte hatten sie keine. Ihre Unterkünfte würden wir heute als Elendsquartiere bezeichnen.

Aber es gab auch Menschen, denen es noch schlechter ging: Flüchtlinge, die sich in der Stadt versteckten, Gaukler, fahrendes Volk, Nichtsesshafte, vor allem aber die große Gruppe der Bettler und Kranken. Menschen, die nicht mehr arbeiten konnten und um die sich niemand kümmerte. Sie zogen durch die Straßen oder saßen vor den vielen Kirchen und waren auf das Mitleid der anderen angewiesen. Manchmal bekamen sie in einem Kloster eine Suppe oder ein Stück Brot. Menschen mit ansteckenden Krankheiten wie Lepra verbannte man ganz aus der Stadt. Sie waren außerhalb der Stadtmauern untergebracht und durften nur an wenigen Tagen des Jahres zum Betteln in die Stadt. Dabei mussten sie die Stadtbewohner

Das »Kölner Leprosenmännchen« im Kölnischen Stadtmuseum. Darstellung eines Aussätzigen, der mit einer Holzklapper in der Hand vor sich selbst warnt. Für Leprakranke vorgeschriebene Kleidungsstücke waren ein weißer, knielanger Mantel, weiße Handschuhe, eine Kniebundhose und ein großer Hut auf dem Kopf.

durch Klappern davor warnen, ihnen allzu nahe zu kommen und sich anzustecken. So hatte das glanzvolle, berühmte Köln genug dunkle Seiten.

Eine gesonderte Gruppe bildeten auch die vielen Priester, Mönche und Nonnen in der Stadt, die inzwischen so viele Kirchen und Klöster hatte, dass sie sich auf ihrem Stadtsiegel als »Sancta Colonia«, also »Heiliges Köln«, bezeichnete. Die Geistlichen waren ebenso wenig Bürger von Köln wie die Juden. Die ersten Juden hatten sich schon in der Römerzeit in Köln niedergelassen, und ihre Gemeinde war im Mittelalter größer geworden. Sie lebten vom Handel, vom An- und Verkauf von Gebrauchtwaren, oder sie verliehen Geld, was den Christen ursprünglich von der Kirche untersagt war. In die Handwerkerzünfte und die Gaffeln wurden Juden nicht aufgenommen. Sie bewohnten ein eigenes Stadtviertel in der Nähe des Rathauses, wo sich auch ihre Synagoge und ihr Bad, die Mikwe, befanden. Ihr Aufenthaltsrecht mussten sie sich erst von den Erzbischöfen, später vom Rat teuer erkaufen, der »Judenschutz«, der ihnen Sicherheit vor Übergriffen bieten sollte, war eine wichtige Einnahmequelle für die Stadt. Aber auch mit diesen Schutzgeldern führten sie kein sicheres Leben. Als sich 1096 in Europa die Heere der Kreuzfahrer sammelten, die nach Palästina zogen, um Jerusalem den Arabern abzunehmen und zu einer christlichen Stadt zu machen, wurden die Judengemeinden in den rheinischen Städten überfallen. So begannen die Kreuzfahrer mit dem Töten von Andersgläubigen bei den Kölner, Mainzer, Straßburger Juden. Als Grund gaben sie an, die Juden hätten einst, vor über tausend Jahren, Christus gekreuzigt, aber sie wollten damit auch an den Besitz der

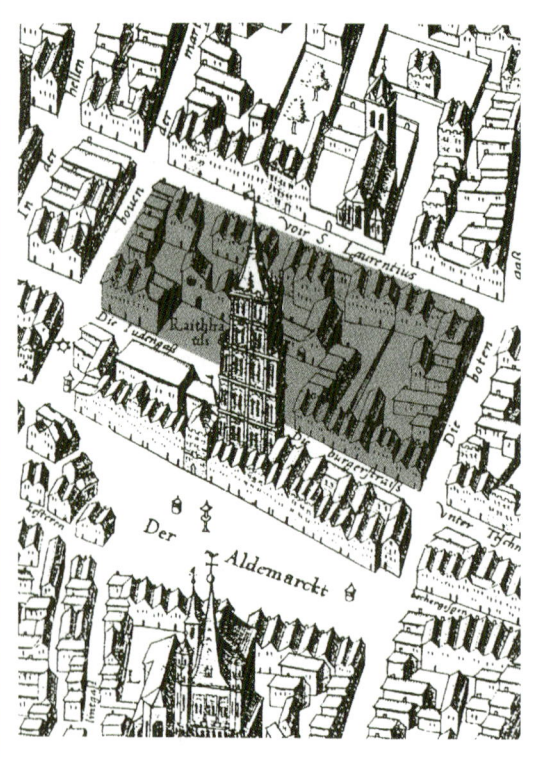

Das Kölner Judenviertel am Rathaus.

Köln im hohen Mittelalter

Juden kommen. Einige hundert Kölner Juden sind dabei ums Leben gekommen. Geholfen hat ihnen kaum einer, im Gegenteil, viele Kölner haben sich an dem Terror gegen ihre jüdischen Nachbarn beteiligt.

Für die überlebenden oder zurückgekehrten Juden blieb die Lage auch danach sehr angespannt. Das Judenviertel wurde durch Tore von der Umgebung abgegrenzt, es wurde zum Ghetto. Nach wie vor mussten seine Bewohner Schutzgeld bezahlen und eine ganz bestimmte Kleidung tragen, zu der auch ein spitzer Hut gehörte, der so genannte »Judenhut«. Als 1348 zum ersten Mal die Pest, der »schwarze Tod«, in Europa ausbrach, sollte diese sehr ansteckende und zu einem schnellen, aber qualvollen Tod führende Krankheit den Juden nicht nur aus diesen Gründen zum Verhängnis werden.

> Die Pest wurde auf direktem Wege übertragen, also durch Kontakt mit einem Erkrankten, oder über Rattenflöhe. Besonders in den Städten mit ihren unhygienischen Zuständen, den Abfällen und der Jauche in den Straßengräben konnte sich die Seuche rasch ausbreiten. Sie hat in mehreren Wellen Europa bis ins siebzehnte Jahrhundert in Angst und Schrecken versetzt. In Deutschland ist ihr etwa ein Drittel der Bevölkerung zum Opfer gefallen.

Wie viele Menschen in Köln an der Pest gestorben sind, weiß man nicht genau, denn die Toten wurden nicht gezählt, sondern so schnell wie möglich in Massengräbern verscharrt. Wer es sich leisten konnte, floh aus der Stadt. Die Ursachen und Ansteckungswege der Krankheit kannte man damals nicht. Viele hielten sie einfach für eine Strafe Gottes und versuchten ihr durch ein frommes Leben vorzubeugen. Andere wiederum sahen die Ursache in bösen Dämpfen aus der Erde oder unglücklichen Stellungen der Planeten. Aber es gab auch Kölner, die überzeugt davon waren, Juden wären an der Pest schuld, weil sie die Brunnen vergiftet hätten – obwohl die Juden genauso an der Pest starben wie die Christen. Und dieser Glaube hatte eine tödliche Wirkung: 1349 stürmte eine aufgehetzte Menge das Ghetto, ermordete seine Bewohner und brannte die Häuser nieder. 1424 wurden schließlich die letzten der wieder zurückgekehrten Kölner Juden aus der Stadt verwiesen. Die meisten von ihnen haben sich auf der anderen Rheinseite in Deutz, das weiterhin dem Erzbischof gehörte, niedergelassen. An die Stelle der zerstörten Synagoge gegenüber dem Rathaus ließ der Stadtrat die Ratskapelle bauen und glaubte, damit ein gottgefälliges Werk getan zu haben.

Im fünfzehnten Jahrhundert, fast am Ende des Mittelalters, bot Köln trotz der beschriebenen Schattenseiten ein beeindruckendes Bild. Es war geprägt von den vielen Kirchen und Türmen, von der wuchtigen Stadtmauer und ihren Torburgen, und darüber thronte der hoch aufragende Chor des unfertigen Doms. Dort gingen die Arbeiten langsamer voran, aber vor allem der Südturm wurde ständig in die Höhe gemauert. Die vielen Besucher waren überwältigt und nahmen das Gefühl mit, eine der bedeutendsten Städte Europas erlebt zu haben. Es wurde viel gearbeitet, gut verdient und auch gern gefeiert in der Stadt. Kaiser und Könige kamen zu Besuch, Versammlungen der Hansestädte wurden hier abgehalten, die kirchlichen Feiertage und die Namenstage der in Köln verehrten Heiligen wurden mit großem Aufwand begangen. Auch Karneval haben die Kölner im späten Mittelalter schon gefeiert, vielleicht noch etwas wilder als heute.

Für eine Menge Leute in der Stadt hätte es so bleiben können, wie es war. Besonders für die, die etwas zu sagen hatten. Und vielen anderen war klar, dass es ihnen anderswo auch nicht besser gehen würde. Aber mit den Städten ist es nicht viel anders als mit den Menschen: Nichts bleibt so, wie es ist. Alles verändert sich, es fließt immer neues Wasser den Rhein herunter. Und auch für die freie Reichsstadt Köln brach am Ende des Mittelalters und zu Beginn der Neuzeit eine neue, eine andere Zeit an.

Die große Stadtansicht des Anton Woensam von 1531 zeigt die spätmittelalterliche freie Reichsstadt Köln auf dem Höhepunkt ihrer wirtschaftlichen und politischen Macht. Im Himmel wachen die Stadtpatrone über die Stadt.

Köln im hohen Mittelalter

Zum Ansehen Der Dom, vor allem der Chor mit dem Dreikönigenschrein und den Bischofsgräbern in den Seitenkapellen.

Die romanischen Kirchen im Stadtgebiet, zum Beispiel St. Georg, St. Pantaleon, St. Aposteln, St. Maria im Kapitol. Für den Reliquienkult des Mittelalters (und des Barocks) besonders St. Ursula und die »Goldene Kammer« in dieser Kirche.

Die Reste der Stadtmauer am Hansaring und am Sachsenring und die drei Stadttore, das Eigelsteintor am Ebertplatz, das Hahnentor am Rudolfplatz und das Severinstor am Chlodwigplatz.

Das Kölnische Stadtmuseum in der Zeughausstraße. Dort gibt es ein maßstabgetreues, dreizehn Quadratmeter großes Modell des spätmittelalterlichen Köln, das jedes einzelne Gebäude aus der Zeit der freien Reichsstadt enthält. Dort hängt der Verbundbrief, es gibt Modelle der Oberländer- und Niederländerschiffe und noch vieles, vieles mehr zum mittelalterlichen Köln.

Der Gürzenich, der Rathausturm und das Alte Rathaus.

Zum Weiterlesen Hans-Michael Becker: Köln contra Köln. Von den wechselvollen Beziehungen der Stadt zu ihren Erzbischöfen und Kurfürsten. Köln 1992

Elisabeth Mick: Köln im Mittelalter. Köln 1990

Vera Torunsky: Worringen 1288. Ursachen und Folgen einer Schlacht. Köln 1988

Köln in guter Verfassung 1396–1996. Herausgeber: Kölnisches Stadtmuseum/Werner Schaefke. Köln 1996

Juden in Köln. Von der Römerzeit bis ins 20. Jahrhundert. Fotodokumentation. Herausgeber: Kölnisches Stadtmuseum. Köln 1984

Die freie Reichsstadt Köln am Beginn der Neuzeit

Neuzeit und Renaissance – Reformation und Protestanten in Köln – Die Jesuiten und die Gegenreformation – Köln und Mülheim – Der Dreißigjährige Krieg – Der Niedergang des Reiches und der Reichsstadt – Handel und Wirtschaft – Die Unterbrechung des Dombaus – Nikolaus Gülich – Hexenverfolgungen – Köln im achtzehnten Jahrhundert

Dass in Europa im fünfzehnten und sechzehnten Jahrhundert eine neue Zeit anbrach, war deutlich zu spüren. Auf allen Gebieten setzten sich Neuerungen und Fortschritte durch, das Leben der Menschen veränderte sich schneller als in den vielen Jahrhunderten zuvor, vor allem nahm das Wissen enorm zu. So hatte Johannes Gutenberg um 1450 in Mainz eine Technik entwickelt, mit einzelnen Buchstaben aus Metall – so genannten »Lettern« – und Druckerschwärze Papier zu bedrucken. Diese »schwarze Kunst« machte es möglich, Informationen und Neuigkeiten viel schneller zu verbreiten. Und es gab viele Neuigkeiten, besonders eine sollte aber die Gemüter lange Zeit erhitzen: dass die Erde keine Scheibe, sondern eine Kugel sei, die sich um die Sonne und sich selbst dreht, wie vor allem der Mathematiker und Astronom Nikolaus Kopernikus behauptete. Dieses neue »kopernikanische« Weltbild beflügelte Könige, Kaufleute und Kapitäne, nach weiteren Ländern und Erdteilen zu suchen. Bereits 1492 war der für Spanien segelnde Italiener Christoph Kolumbus in Amerika gelandet, einige Jahre später hatte der Portugiese Vasco da Gama einen Seeweg nach Indien um die Südspitze Afrikas herum entdeckt, und um 1520 umsegelten schließlich spanische Seefahrer zum ersten Mal die Erdkugel. Nach den Portugiesen und Spaniern entdeckten und eroberten auch die Engländer und Niederländer

Kopernikanische Wende: Der Mensch erweitert seinen Horizont und blickt ins Weltall.

große Teile der Neuen Welt. Europa war fortan nur ein Kontinent unter mehreren, und nicht einmal ein besonders großer.

Für den wirklichen Menschen aus Fleisch und Blut, seine äußere Gestalt und seine inneren Organe interessierten sich nun Wissenschaftler wie Künstler. Die Darstellung des Menschen in der Malerei wurde realistisch, die Medizin machte große Fortschritte. Man stellte fest, dass vieles angeblich Neue in der Antike, bei den Griechen und Römern, schon bekannt war, und wandte sich wieder mehr der vorchristlichen Zeit zu. Renaissance – »Wiedergeburt« der Antike – nennt man diesen Beginn der Neuzeit im fünfzehnten und sechzehnten Jahrhundert, und diese Renaissance blies wie ein Frühlingssturm durch das alte Europa.

Aber nicht alle mochten die frische Luft. Es gab mächtige Häuser, die ihre Fensterläden fest verschlossen hielten und aus denen die neue Zeit ausgesperrt blieb. Dazu zählten der Palast der Päpste in Rom, der Hof des Kaisers – und dazu zählte auch das Kölner Rat-

Mercator-Plan.
Der im Auftrag des Kölner Rates 1571 angefertigte Kupferstich zeigt zum ersten Mal einen maßstabgetreuen Stadtplan Kölns am Beginn der Neuzeit.

Die freie Reichsstadt Köln am Beginn der Neuzeit

haus. Denn die engste Verbündete des »Heiligen Köln« war die katholische Kirche, und der deutsche Kaiser war schließlich der Schutzherr der »freien Reichsstadt Köln«.

Was Papst und Kaiser nicht gefiel, das hatte auch in Köln keine Chance. Das zeigte sich ganz deutlich während der Reformation. Die neue Lehre des Mönchs und Predigers Martin Luther, dass jeder Mensch allein durch den Glauben zu Gott finden kann und dass Priester, Mönche, Bischöfe und Päpste, ja sogar Heilige, auf diesem Weg unwichtig oder hinderlich sein können, war im gesamten Reich schnell bekannt geworden. Das lag nicht nur an den Buchdruckern, sondern auch daran, dass die Menschen mit der Macht- und Prachtentfaltung der katholischen Kirche unzufrieden waren. Schon allein in vielen der damaligen Erzbischöfe hatte man hierzulande ja abschreckende Beispiele genug vor Augen. Eine Erneuerung, eine Reform der Kirche schien dringend erforderlich. Besonders der weit verbreitete und von der Kirche geförderte Brauch, sich mit Geld von seinen Sünden freizukaufen, der so genannte »Ablasshandel«, gefiel den Reformatoren nicht, zumal das so eingenommene Geld von der katholischen Kirche dazu benutzt wurde, prächtige Bauten wie den Petersdom in Rom zu finanzieren. Oder es floss direkt in die Kassen der mächtigen Erzbischöfe. So war das mutige Auftreten von Martin Luther 1521 auf dem Reichstag in Worms, als er vor Kaiser, Fürsten und Bischöfen seine Überzeugung verteidigte und damit seine Ermordung riskierte, die beste Werbung für die Lehre von der Freiheit des Christenmenschen. In vielen Teilen des Reiches und Europas bekannten sich die Menschen zu diesem neuen evangelischen Glauben. Die dadurch wachsende religiöse Spaltung der Christenheit in die römisch-katholische Kirche und die Protestanten sollte zu immer größeren Spannungen führen.

Die Stadt Köln schlug sich aber eindeutig auf die katholische Seite – schließlich war auch der Kaiser katholisch geblieben. Außerdem wäre eine Ablehnung der Heiligenverehrung für den Wallfahrtsort Köln mit seinen Drei Königen und den vielen anderen Reliquien geradezu geschäftsschädigend gewesen. So verhinderte der Stadtrat alle Versuche, die Reformation auch in Köln vorzustellen. Das bekam besonders ein neues Gewerbe zu spüren, das sich schon vor der Jahrhundert-

Der Feuertod von Adolf Clarenbach
und Peter Fliesteden, Melaten,
28. September 1529.

wende in Köln erfolgreich etabliert hatte: das Buchdruckerwesen. Protestantische Schriften durften erst gar nicht gedruckt und gehandelt werden, 1520 wurden sie in Anwesenheit des Kaisers Karl V. öffentlich verbrannt.

Und auf die Verbrennung von Schriften folgte in Köln schon bald die Verbrennung von Menschen. 1529 wurden die protestantischen Prediger Adolf Clarenbach und Peter Fliesteden als »Ketzer« zum Tode verurteilt und in Melaten, vor den Toren der Stadt, verbrannt. Als Fliesteden auf der Hinrichtungsstätte seine Richter als Christenverfolger anklagte, ließen sie ihn kurzerhand erdrosseln, um ihn zum Schweigen zu bringen. Weitere Verbrennungen und Enthauptungen von Andersgläubigen folgten in den Jahren darauf. Die Stadt der Märtyrer Ursula und Gereon produzierte jetzt selbst Märtyrer.

Damit wurde sie aber die neuen Ideen und ihre Verkünder nicht los. Da waren die immer noch zahlreich in der Stadt verkehrenden Kaufleute aus den Niederlanden, mittlerweile alle protestantisch geworden, für deren »Niederländer« Köln die Endstation der Rheinschifffahrt war. Auf diesen seit jeher gewinnbringenden Handelsverkehr konnten und wollten die Kölner auf keinen Fall verzichten, auch nicht aus religiösen Gründen. Die Reicheren der niederländischen Kaufleute hatten in Köln Häuser, Lager und Handelsbüros, von denen aus sie ihre Geschäfte betrieben. Im sechzehnten Jahrhundert kamen weitere Glaubensgenossen aus den Spanischen Niederlanden, wo die spanischen Herrscher die protestantische Lehre und den Freiheitskampf der Niederländer grausam bekämpften. Da es überwiegend reiche niederländische Protestanten waren, die im römisch-katholischen Köln Zuflucht suchten, wollte man ihnen auf keinen Fall die Aufnahme verweigern, das wäre schließlich schlecht für die Geschäfte gewesen. Und die Geschäfte liefen in dieser Zeit ohnehin nicht mehr so reibungslos wie im späten Mittelalter.

Die freie Reichsstadt Köln am Beginn der Neuzeit

So wurden die Protestanten, einige hundert an der Zahl, geduldet, aber auch schikaniert. Weil sie ihre Gottesdienste nicht im »Heiligen Köln« halten durften, mussten sie auf die andere Rheinseite nach Mülheim reisen oder sich heimlich treffen. Auch ihre Toten durften sie nur außerhalb der Stadt beerdigen.

> **Der Geusenfriedhof.**
> »Geuzen« (= Bettler) nannten sich die niederländischen Freiheitskämpfer gegen die spanische Herrschaft. Nach ihnen benannt ist der Friedhof im Weyertal, also außerhalb des mittelalterlichen Köln gelegen, auf dem die protestantischen Flüchtlinge, aber auch Kölner Protestanten ihre Toten bestatteten.

Das Kölner Bürgerrecht bekamen sie natürlich nicht, und ebenso wenig wurden sie in die Gaffeln und Zünfte aufgenommen. Manche von ihnen wurden sogar wieder ausgewiesen. Zu diesen Flüchtlingen gehörte auch der später berühmt gewordene niederländische Maler Peter Paul Rubens, der als Sohn wohlhabender Flüchtlinge seine Jugend in Köln verbrachte. Eines seiner Bilder, die »Kreuzigung Petri«, hängt in der Pfarrkirche St. Peter in der Jabachstraße, ganz in der Nähe des Neumarkts.

1582 kam es ganz schlimm für die katholische Seite. Der Kölner Erzbischof Gebhard Truchsess von Waldburg, der zwar nicht mehr Stadtherr, aber immer noch geistliches Oberhaupt aller Kölner Katholiken war, trat zum protestantischen Glauben über. Er hatte dafür eher irdische Gründe: Er wollte heiraten und das Erzbistum künftig als protestantischer Fürst im Familienbesitz behalten. Papst und Kaiser setzten ihn natürlich ab, und das Domkapitel, eine Gemeinschaft von vierundzwanzig weltlichen und geistlichen Domherren, wählte mit Ernst von Bayern einen neuen Erzbischof. Gebhard wehrte sich dagegen, und der Kampf zwischen ihm und dem neuen Erzbischof endete in einem Krieg, dem »Kölnischen Krieg«, in den sich auch auswärtige Mächte wie Frankreich und Spanien einmischten und der das Erzbistum ziemlich verwüstete. Die Stadt Köln hat sich in diesem Krieg neutral gehalten. 1584 setzte sich schließlich Erzbischof Ernst durch, und das Rheinland blieb somit katholisch.

Gemeinschaftsarbeit. Die Zerstörung der Mülheimer Mauern und Häuser durch kaiserliche Soldaten und Kölner Handwerker im Herbst 1615.

Ganz und gar nicht neutral verhielt sich Köln dagegen, als rheinabwärts auf der anderen Seite aus dem Fischerdorf Mülheim eine Stadt wurde. Mülheim gehörte den Herzögen von Berg, deren Residenz in Düsseldorf lag. Schon während des Kölnischen Krieges hatten sie Mülheim befestigt und ausgebaut. 1612 ließen sie verkünden, dass jeder, der nach Mülheim ziehen würde, dort volle Glaubensfreiheit und das Bürgerrecht erhalten solle. Dieses Angebot lockte nicht nur die Protestanten aus Köln, sondern auch aus anderen Teilen des Reiches in das rechtsrheinische Städtchen, das sich nun sprunghaft vergrößerte. Als das neu besiedelte Gebiet durch eine weitere Befestigungsanlage gesichert werden sollte, wurde es den Kölnern zuviel. Eine Konkurrentin in unmittelbarer Nähe wollte man auf keinen Fall haben. Auf Drängen des Kölner Rates zerstörte schließlich eine kaiserliche Armee die neue Mülheimer Stadtbefestigung, anschließend rissen Handwerker unter dem Schutz der Soldaten die neu gebauten Häuser nieder.

Mittlerweile hatte sich die katholische Kirche vom Schock der Glaubensspaltung erholt und eingesehen, dass es nicht ausreichte, der protestantischen Lehre nur mit Gewalt und Terror zu begegnen. Zu viele Länder, vor allem im Norden Europas, und große Teile des Reiches waren schon geschlossen zum neuen Glauben übergetreten. Es musste sich also auch in der katholischen Kirche etwas ändern,

Die freie Reichsstadt Köln am Beginn der Neuzeit

sollten weitere Verluste verhindert werden. So wurde die Ausbildung der Priester verbessert und das Ablasswesen abgeschafft. Jetzt war es nicht mehr möglich, sich mit Geld von seiner Sündenschuld freizukaufen. Und der Papst beauftragte den neu gegründeten Orden der Jesuiten, über die Reinheit der katholischen Lehre zu wachen, zu predigen, Schulen zu gründen und möglichst viele verirrte Schafe zur katholischen Herde zurückzuführen. Köln wurde ein Zentrum und Ausgangspunkt dieser so genannten »Gegenreformation«. Der Jesuitenorden, straff organisiert wie eine Armee, hatte in der Marzellenstraße eine Kirche, Mariä Himmelfahrt, und eine Schule, das »Tricoronatum«. Aus dem Gymnasium Tricoronatum, eine der angesehensten Schulen des Rheinlandes in der frühen Neuzeit, hat sich das heutige staatliche Dreikönigsgymnasium an der Escher Straße entwickelt. Von Köln aus wurde die katholische Position im Reich gestärkt und viele Menschen wurden zum alten Glauben zurückgewonnen.

Politisch und militärisch aber blieb die Stadt Köln in den vielen kriegerischen Auseinandersetzungen der frühen Neuzeit geschickt neutral. Nicht nur für den Handelsplatz, sondern auch für seine Bewohner war diese Nichteinmischung die einzige Möglichkeit, um sich vor Gewalt und Zerstörung zu schützen. Auf diese Weise und unterstützt durch seine imposanten Mauern entging Köln im Dreißigjährigen Krieg (1618–1648) dem Schicksal vieler deutscher Städte: der Eroberung und Plünderung durch feindliche, aber auch »eigene« Armeen. Denn dieser Krieg, ursprünglich zwischen dem katholischen Kaiser mitsamt seinen Verbündeten und den protestantischen Fürsten ausgetragen, hatte sich im Lauf der Jahre mehr und mehr zu einem Krieg aller gegen alle ausgeweitet, bei dem auch Spanier, Schweden und Franzosen mitmachten. Die Soldaten aller Armeen lebten vom Rauben und Plündern. Viele deutsche Städte und ganze Landstriche sind in diesem langen Krieg in Flammen aufgegangen, Millionen Menschen sind ihm zum Opfer gefallen. Auch die Umgebung Kölns hat schwer zu leiden gehabt, das Bergische Land ist regelrecht verwüstet, das schutzlose Mülheim zerstört worden. Aber an eine Belagerung des immer noch mächtigen Köln hat sich keine Seite gewagt. Nur einmal hat die Stadt in die Kämpfe eingegriffen, als die Schweden 1632 das gegenüberliegende Deutz angriffen. Die kölnischen Truppen konnten die Einnahme von Deutz nicht verhindern, sie schossen aber weiter über den Rhein auf die dort stationierten schwedischen Soldaten. Die Deutzer Pfarrkirche, in der die Schweden ihr Munitionslager eingerichtet hatten, ist während der Kämpfe mitsamt ihrer Umgebung in die Luft geflogen. Die Schweden sind daraufhin wieder abgezogen. Abgesehen von diesem kurzen Zwischenfall hat die Stadt mit dem Dreißigjährigen Krieg wenig zu tun gehabt.

Zu den Gewinnern des Krieges gehörte die freie Reichsstadt allerdings auch nicht. Das Deutsche Reich war nach diesem Krieg nur noch ein lockerer Verband von mehr als dreihundert Einzelstaaten, der Kaiser regierte weit weg in Wien und war mehr an Österreich und Ungarn und dem Kampf gegen die Türken interessiert als an seinen Ländern zwischen Nordsee und Alpen. Und an den Rändern des Reiches bröckelten immer wieder Teile ab: Die Schweiz und die Niederlande waren ausgeschieden, die Franzosen drängten Stück für Stück näher zum Rhein vor, die Schweden waren über die Ostsee bis Vorpommern gekommen. Im Osten des Reiches hatte sich Brandenburg-Preußen auf den Weg gemacht, mit aller Gewalt und rücksichtslos eine europäische Großmacht zu werden. Das Deutsche Reich war am Ende, und doch hat es noch einmal hundertfünfzig Jahre gedauert, bis es endgültig untergegangen ist. Schlechte Zeiten also für eine »freie Reichsstadt«, die nur ein Zwergstaat auf dem bunten Flickenteppich der Landkarte Mitteleuropas war. Dieser Stadtstaat Köln war nahezu völlig vom Kurfürstentum Köln umgeben, dem Herrschaftsgebiet der 1288 vertriebenen Erzbischöfe. Die bauten sich in Bonn und Brühl prachtvolle Schlösser und ließen keine Gelegenheit aus, den Stadtkölnern Schwierigkeiten zu machen.

Außerdem waren weite Teile des Reiches nach dem langen Krieg verwüstet, und die Kölner Kaufleute hatten wichtige Handelspartner und Absatzgebiete verloren, auch durch die Veränderung der Handelswege. So gehörten durch die Entdeckung der Seewege in andere Kontinente die Seehafenstädte wie Venedig, Genua, Brügge, Antwerpen, London nunmehr zu den Handelszentren, der Binnenhafen Köln war im Vergleich zu ihnen zweitklassig geworden.

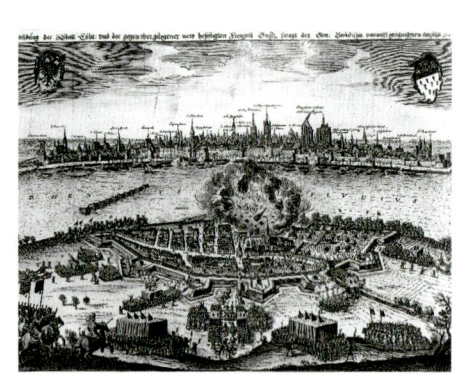

Die Explosion in der Deutzer Pfarrkirche St. Urban im Dezember 1632.

Die freie Reichsstadt Köln am Beginn der Neuzeit

Markttag auf dem Altermarkt um 1660.

Stattdessen blickten die Menschen eher sehnsuchtsvoll auf die ruhmreiche Vergangenheit zurück, als Köln die größte Stadt nördlich der Alpen war. Das Symbol dieser Größe, der Dom, stand aber noch immer als Bauruine in der Stadt – nur der Chor im Osten war fertig geworden. Am Querhaus und am Langhaus sowie am Südturm wurde immer langsamer weitergebaut. Aber auch wenn die Gewölbe nicht fertig waren, so konnte man doch den ganzen Innenraum schon nutzen. Die Bereitschaft zu spenden und damit das Geld waren zurückgegangen, man fand den gotischen Baustil auch nicht mehr so attraktiv, kurzum, die Dombau-Begeisterung war eingeschlafen. Anfang des sechzehnten Jahrhunderts, fast dreihundert Jahre nach der Grundsteinlegung von 1248, sind schließlich alle Arbeiten eingestellt worden. Der südliche der beiden Türme war auf etwa sechzig Meter angewachsen, in ihm hing die elf Tonnen schwere »Pretiosa«, die damals größte Glocke Europas. Und auf ihm stand ein mächtiger Baukran, der für die nächsten Jahrhunderte das weithin sichtbare Zeichen der Unfertigkeit und des Scheiterns des Dombaus blieb. In Köln glaubte im siebzehnten und achtzehnten Jahrhundert niemand mehr daran, dass der Dom jemals vollendet werden würde. Goethe nannte ihn bedauernd ein »leider nur beabsichtigtes Weltwunder«.

Wen wundert es da, dass angesichts so vieler Krisen auch das Zusammenleben der Bürger in der Stadt schwieriger geworden war und häufig zu Konflikten führte. Zwar war noch der alte Verbundbrief von 1396 als Verfassung der Stadt in Kraft und 1513 nach einem Aufstand der Zünfte durch den »Transfixbrief«, der die Bürger vor Ungerechtigkeiten durch den Rat schützen sollte, erweitert worden, an der egoistischen Haltung der Ratsherren aber hat das wenig geändert. Das Bürgermeisteramt blieb in einer kleinen Gruppe von sechs Männern, die sich regelmäßig abwechselten, immer dieselben Leute saßen im Rat, manche Ratssitze wurden regelrecht vererbt. Es versteht sich fast von selbst, dass eine so kleine, kaum kontrollierte Gruppe von Machtinhabern ihre Ämter missbrauchte und für Skandale sorgte, wie sie auch heute noch in Köln und anderswo auftreten, vor allem Betrug, Unterschlagung öffentlicher Gelder, Bestechungen, Schmiergeldaffären. Dieser »Klüngel« oder, genauer gesagt, dieser »kölsche Klüngel«, ist bis heute nicht ausgestorben. Aber genauso regelmäßig haben sich die Bürger, vor allem diejenigen Gaffeln und Zünfte, die an diesem Klüngel nicht beteiligt waren, gewehrt. Von allen Aufständen war der des Nikolaus Gülich der folgenreichste. 1680 hatte der angesehene Kaufmann und Bürger Gülich öffentlich die Misswirtschaft und die Betrügereien der Bürgermeister und des gesamten Rates angeklagt. Man kann sich vorstellen, wie viele Probleme ihm dieser Mut eingebracht hat. Aber Gülich einfach aus dem Weg zu räumen, wagten die Ratsherren nicht, er war nicht allein, und jeder in der Stadt wusste, dass er Recht hatte. Der Rat setzte notgedrungen eine Untersuchungskommission ein, mehrere Bürgermeister und städtische Beamte wurden daraufhin angeklagt und bestraft, der Rat schließlich aufgelöst. Als Gülich jedoch einen seiner Gegenspieler hinrichten ließ, eigenmächtig einen neuen Rat einsetzte und sich selbst ein hohes Amt verlieh, kostete ihn das viele Sympathien und Anhänger. Seine politischen Gegner sorgten durch Verleumdungen dafür, dass Gülich vom Kaiser als Landfriedensbrecher verurteilt wurde. 1686 ist er vor der Stadt öffentlich enthauptet worden. Zur Abschreckung, vor allem als Warnung vor weiterer Kritik am Rat, wurde sein Schädel fast hundert Jahre lang auf einer Stange aufgespießt öffentlich ausgestellt. Auf dem Grundstück seines Hauses gegenüber dem Rathaus sollte ein Schanddenkmal an sein Scheitern erinnern. So blieb alles beim Alten in der freien Reichsstadt Köln, die auch an der Wende zum achtzehnten Jahrhundert noch nicht richtig in der Neuzeit angekommen war.

Die freie Reichsstadt Köln am Beginn der Neuzeit

Der in Erz gegossene Kopf des Nikolaus Gülich krönte die Schandsäule auf dem heutigen Gülich-Platz, auf der mögliche Nachahmer vor Kritik an der Ratsherrschaft gewarnt wurden. 1797, also in der Franzosenzeit, wurde dieses »Denkmal« von »Kölnischen Freiheitsfreunden« zerstört.

Besonders deutlich und schrecklich zeigte sich die Rückständigkeit auch in den Hexenprozessen und Hexenverbrennungen, zu denen es in vielen Gebieten des Reiches und auch in Köln gekommen war. Den Höhepunkt bildeten in Köln die Prozesse der Jahre 1626–1630, in denen zahlreiche Frauen wegen Hexerei und Teufelspakt verhaftet und hingerichtet wurden. Die Beschuldigten, die aus unterschiedlichen Gründen vor Gericht gebracht wurden (zum Beispiel aus Neid, Nachbarschaftsstreit oder politischem Machtkampf) wurden meistens so lange gefoltert, bis sie alles gestanden, was man von ihnen forderte. Aber auch ein verweigertes Geständnis rettete die Frauen nicht, wie das Schicksal der Kölner Postmeisterin Katharina Henot zeigt, die 1627 auf Melaten verbrannt wurde. Die zehnjährige Entgen Lenartz wurde 1653 verhaftet und zwei Jahre später als letzte »Hexe« in Köln verbrannt. Dass die Hexenverfolgung in anderen Teilen des Deutschen Reiches noch viel schlimmer war und vielen tausenden unschuldigen Frauen, aber auch Männern und Kindern einen grauenvollen Tod brachte, kann

Friedrich von Spee (1591–1635). Kölner Jesuit, Verfasser der »Cautio Criminalis«, einer Schrift, in der er für die Abschaffung der Hexenprozesse plädiert.

Johann Adam Schall von Bell (1592–1666). Ein weiterer bekannter Kölner Jesuit, der von seinem Orden als Missionar nach China geschickt wurde und in Peking Hofmathematiker und -astronom des Kaisers von China wurde. In Köln erinnert seit 1992 eine Statue an der Minoritenkirche an ihn.

keine Entschuldigung für die Kölner Hexenprozesse sein. Friedrich von Spee, der eine Zeit lang im Kölner Jesuitenorden tätig war und als Beichtvater dieser »Hexen« ihre Unschuld erkannt hatte, schrieb 1632 eine weit verbreitete Aufklärungsschrift, die zum allmählichen Ende der Hexenverfolgungen mit beigetragen hat.

Die Zeit schien in der Stadt Köln still zu stehen, auch die Einwohnerzahl stagnierte über Jahrhunderte hinweg zwischen dreißig- und vierzigtausend. Andere Städte wie Frankfurt, Nürnberg oder Leipzig hatten Köln längst überholt. Ganze Produktionszweige waren abgewandert: die Tuchherstellung in den Raum Aachen und Eisenverarbeitung und Waffenherstellung ins Bergische Land um Solingen, wo keine starren Zunftregeln den Fortschritt verhinderten. Hier und da kündigten sich aber auch neue Entwicklungen an. Nach Köln zugewanderte Italiener, die Brüder Farina, begannen mit der Produk-

> **Kölner Zeitungen**
> Die wöchentlich erscheinende »Cöllnische Ordinari Postzeitung« existierte von 1651 bis 1762. Konkurrenz bekommt sie ab 1732 durch den »Staatsboten«. Nachfolgerin der Postzeitung wird ab 1763 die »Kaiserliche Reichsoberpostamtszeitung zu Cölln«, die in der Druckerei Schauberg hergestellt wird. Ab 1802 heißt sie »Kölnische Zeitung«, ist im Besitz der Firma DuMont Schauberg und die direkte Vorläuferin des jetzigen »Kölner Stadt-Anzeigers«. Eine Kölner Besonderheit war die ab 1734 in französischer Sprache erscheinende »Gazette de Cologne«.

tion eines belebenden Wunderwassers, das unter dem französischen Namen »Eau de Cologne«, zu Deutsch »Kölnisch Wasser«, den Namen der Stadt in aller Welt bekannt machte.

Ein anderer zukunftsweisender Zweig war die Weiterverarbeitung von Tabakblättern zu Pfeifen- und Kautabak – der Beginn der bis ins zwanzigste Jahrhundert bedeutenden Kölner Tabakindustrie. Und schließlich wurden schon im siebzehnten Jahrhundert die ersten Grundsteine für die heutige Medienstadt Köln gelegt. Die

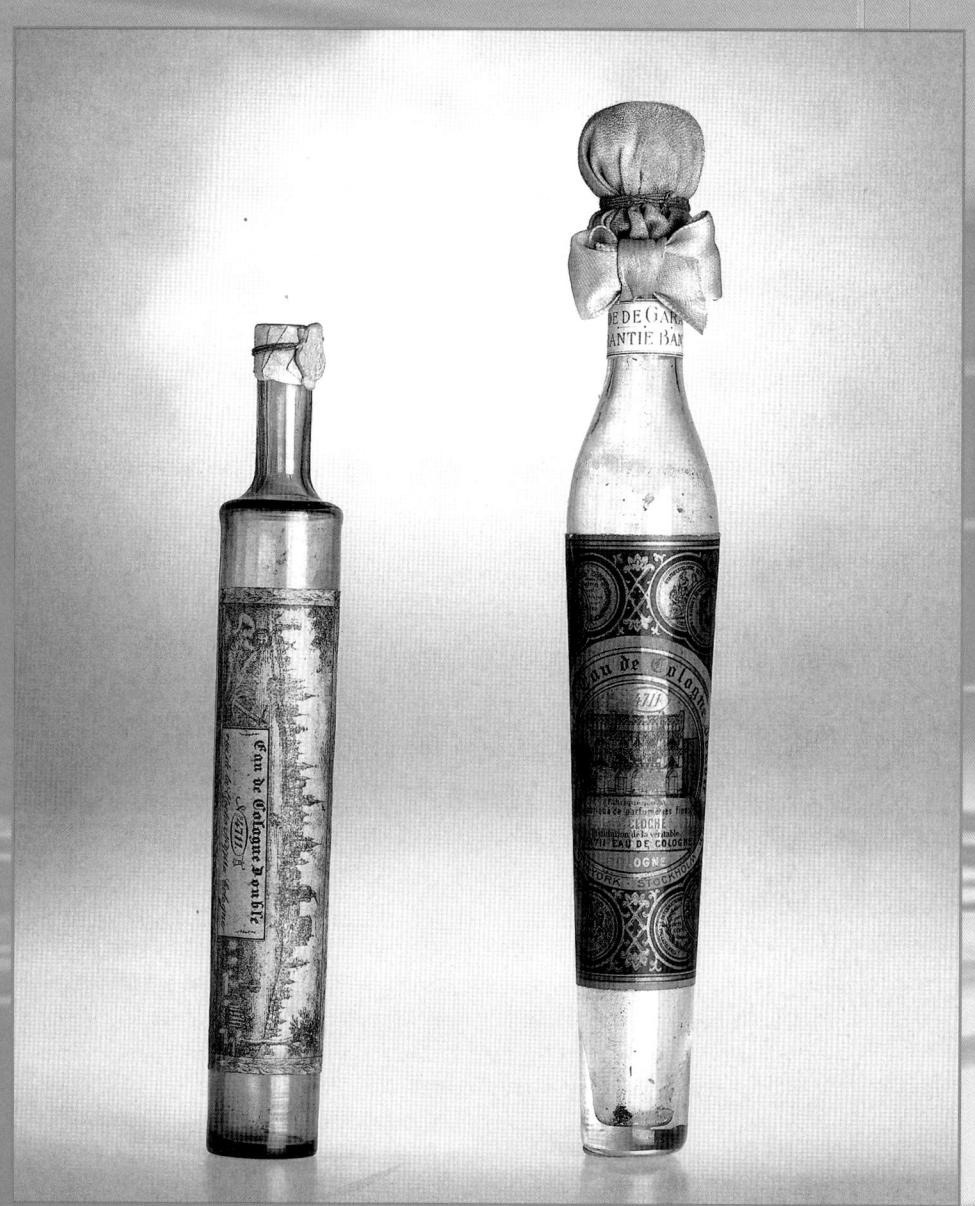

Das weltbekannte Parfum ist eine Mischung aus Alkohol, ätherischen Ölen – darunter Zitrone, Bergamotte, Lavendel und Rosmarin – und destilliertem Wasser. Hinter dem Markennamen »4711« verbirgt sich eine Hausnummer (vgl. S. 89f.).

Karikatur auf die Kölner Stadtsoldaten.

kölnischen Druck- und Zeitungsbetriebe sorgten dafür, dass ab 1651 in Köln regelmäßig Zeitungen geschrieben, gedruckt und über die Grenzen der Stadt hinaus verbreitet wurden.

Ihre Stadtbefestigung hielten die Kölner gut in Schuss, sie wurde sogar weiter ausgebaut, denn sie allein gab Schutz und Sicherheit in diesen unruhigen, kriegerischen Zeiten. Als Schutz gegen die nach dem Dreißigjährigen Krieg stark gewachsene Straßenkriminalität, aber auch zum Wachdienst auf den Mauern und an den Toren gründete der Rat um 1660 eine neue Truppe von Stadtsoldaten, denen man wegen des Wappens mit den elf Flammen auf ihren bunten Uniformen schon bald den Spitznamen »Funken« gab. Weil diese Soldaten aber so schlecht bezahlt wurden, mussten sie oft im Dienst noch andere Arbeiten machen, um ihren Lebensunterhalt zu sichern. Zu Witzfiguren wurden sie erst im Karneval des neunzehnten und zwanzigsten Jahrhunderts, der alles Preußisch-Militärische zu verspotten suchte.

Viele Besucher der Stadt, angelockt von dem großen Namen und der strahlenden Vergangenheit, haben in ihren Reiseberichten keinen Zweifel daran gelassen, wie sehr sie vom Schmutz und Verfall, aber auch der geistigen Enge Kölns schockiert waren. Tausende Bettler umlagerten die Stadttore, Kirchen und öffentlichen Gebäude; auf den Straßen war es besonders nach Einbruch der Dunkelheit gefährlich. Manchmal stürzten altersschwache Häuser ein und blieben als Schutthaufen ewig liegen. Die meisten Straßen waren nicht gepflastert. Im Sommer waren sie staubig, bei Regenwetter so verschlammt und matschig, dass man sie kaum benutzen konnte. Schweine, Ziegen, Schafe und Hühner liefen frei in der Stadt herum und

Die freie Reichsstadt Köln am Beginn der Neuzeit

hinterließen ihre stinkenden Spuren. Es gab kaum Kanalisation, keine richtige Müllabfuhr und keine Straßenbeleuchtung, dafür aber Ratten und Mäuse, Flöhe und Wanzen genug. Ein englischer Weltreisender hat dennoch wohl etwas übertrieben, als er feststellte: Die drei schmutzigsten Städte der Welt fangen mit »C« an – Calcutta, Constantinople und Cologne! Für diese von der düsteren Dombauruine überragten, verfallenden und verfaulenden Stadt konnte Rettung nur noch von außen kommen.

Und so hat man den 1794 auf Köln zumarschierenden französischen Truppen die Tore ganz weit aufgemacht und ihnen die Stadtschlüssel sogar entgegengebracht. Der Gedanke an Widerstand wurde gar nicht ernsthaft diskutiert. Vielleicht waren manche Bürger sogar erleichtert, dass die Zeit als selbstständige, freie Stadt vorbei war.

Zum Ansehen Im Kölnischen Stadtmuseum in der Zeughausstraße die Kölner Stadtansichten, besonders der Mercator-Plan von 1571 aus der Vogelschauperspektive und das nach diesem Plan gebaute große Stadtmodell mit allen Einzelheiten: vom Kran auf dem Domturm bis zu den Wassermühlen im Rhein. Bilder und ein Modell dort zeigen auch den unvollendeten Dom von allen Seiten und zu verschiedenen Zeiten.

St. Mariä Himmelfahrt, die Kirche der Jesuiten in der Marzellenstraße, in der sich Gotik und Barockstil begegnen.

Zum Kurfürstentum Köln: der Hofgarten und das Schloss Poppelsdorf in Bonn, vor allem aber Schloss Augustusburg und sein Park in Brühl.

Die Auftritte der Funkengarden im Kölner Karneval.

Zum Weiterlesen Irene Franken und Ina Hoerner: Hexen. Verfolgung in Köln. Köln 2000

Franz Irsigler und Arnold Lassotta: Bettler und Gaukler, Dirnen und Außenseiter in einer mittelalterlichen Stadt. Köln 1300–1600. München 1989

R. DE L'ARSENAL
ZEUGHAUSGAS

6

Die französischen Jahre 1794–1814

Die französische Revolution – Die Koalitionskriege – Einmarsch und Besatzung – Assignaten und andere Plünderungen – Das Ende der freien Reichsstadt – Das große Aufräumen – Napoleon in Köln – Der Abzug der Franzosen und die Ankunft der Preußen

In Köln versuchte man noch um 1789 die Frage zu lösen, ob die Protestanten endlich – mehr als 250 Jahre nach der Reformation – eine eigene Kirche innerhalb der Stadtmauern haben durften oder nicht. Der Stadtrat lehnte ab, und halb Deutschland schüttelte den Kopf über die rückständigen Kölner. Während sich Köln also weiter in einem Dornröschenschlaf befand und von vergangener Größe träumte, ereigneten sich ein paar hundert Kilometer weiter westlich, in Paris, weltbewegende Dinge.

Als Symbol der Revolution pflanzen die Franzosen auf dem Neumarkt den »Freiheitsbaum«. Der Rat der Stadt musste das Bäumchen in einer Prozession umschreiten.

Der französische König Ludwig XVI. und damit auch der französische Staat waren bankrott. In solch einer Situation denken sich Finanzminister gern neue Steuern aus, damals wie heute. Und um diese neuen Steuern genehmigt zu bekommen, rief der König die Vertreter der drei Stände – nämlich der Geistlichen, des Adels und des dritten Standes, der Bürger – zusammen. Ihre Sitzungen verliefen aber ganz anders als vom französischen König erwartet: Der dritte Stand machte sich selbstständig, erklärte sich zur französischen »Nationalversammlung« und nahm dem König immer mehr Rechte ab. Man beschloss eine Verfassung, nach der der König nicht mehr über allem stehen sollte, und alle Vorrechte des Adels wurden abgeschafft. Die Bauern wurden von den Abgaben und Diensten für ihre Grundherren befreit. Und gleichzeitig erhob sich die Pariser Stadtbevölkerung, stürmte die Gefängnisse, bewaffnete sich und bedrohte Adelige und königliche Beamte. So etwas hatte es im alten Europa noch nicht gegeben, das war Revolution, das war die »Französische Revolution«. Die Könige und Fürsten der Nachbarländer sahen mit Besorgnis nach Frankreich und fürchteten, dass die revolutionären Flammen auf

Die französischen Jahre 1794–1814

ihre Länder überspringen könnten. Bald schon befand sich Frankreich im Krieg gegen eine Koalition europäischer Mächte mit Österreich und Preußen an der Spitze. Aber zum Erstaunen aller waren es die schlecht ausgerüsteten, zerlumpten französischen Freiwilligen, die mit ihrer Revolutionsbegeisterung und der Parole »Freiheit, Gleichheit, Brüderlichkeit« die fremden Armeen nicht nur aus Frankreich hinaustrieben, sondern bald auch die Grenzen überschritten, um die Revolution in Europa zu verbreiten.

Die Stadt Köln war zwar in diesem Krieg wie immer neutral geblieben, aber das Erzbistum war Teil der Koalition gegen Frankreich und wurde von den Franzosen besetzt. Während sich die österreichischen Truppen über den Rhein in Sicherheit brachten, rückte die französische Armee nach und erreichte am 6. Oktober 1794 die Stadtgrenze. Der Rat war sich wohl schnell einig, dass Widerstand zwecklos war. Einer der Bürgermeister fuhr mit einer Ratsdelegation den Franzosen auf der Aachener Straße entgegen und bot die kampflose Übergabe der Stadt an. Vor dem Hahnentor händigte man den Franzosen die Stadtschlüssel aus, die dann mit zwölftausend Mann in Köln einzogen.

Zum ersten Mal seit den Normannen im Jahr 881, also seit fast tausend Jahren, war Köln wieder von fremden Truppen besetzt. Über diese Truppen staunten die Kölner nicht schlecht: Viele kamen ohne Schuhe und Strümpfe, statt Uniformen trugen sie zerschlissene Jacken und durchlöcherte Hosen, auf dem Kopf hatte jeder etwas anderes. Wie Vogelscheuchen müssen sie ausgesehen haben. Ihre Bewaffnung bestand aus dem, was man dem Gegner hatte abnehmen können. Aber sie kamen als Sieger und fühlten sich als Befreier.

Als Befreier? In Köln? Den Kölnern schien da ein Missverständnis vorzuliegen. Sie hatten ihre Herren, die Fürstbischöfe, doch schon vor fünfhundert Jahren vertrieben, waren eine freie Reichsstadt, eine Republik mit gewählten Bürgermeistern und Ratsherren. Zudem hatte man sich den Franzosen keineswegs feindselig gezeigt, sondern ihnen die Tore weit geöffnet. Aber die Franzosen machten da keinen Unterschied. Die zwölftausend Soldaten mussten in Kölner Häusern untergebracht und versorgt werden. Zwanzig Millionen Taler Kriegssteuer und immer neue Abgaben in Naturalien, zum Beispiel Lebensmitteln, Textilien und Leder, waren an die neuen Herren zu entrichten. Für Aufregung sorgten die französischen Besatzer, als sie in Kirchen und Sammlungen viele Kunstschätze, Urkunden und Kostbarkeiten beschlagnahmten und nach Paris

Zerlumpte Revolutionssoldaten.

abtransportierten. Viele davon sind nie mehr nach Köln zurückgekehrt. Die Schätze des Kölner Doms, vor allem den Dreikönigenschrein, hatte man zum Glück vorher schon aus Köln weggebracht und an einem sicheren Ort versteckt.

Eine Ausplünderung besonderer Art bildete das von den Franzosen nach Köln mitgebrachte neue Papiergeld, die »Assignaten«. Alle Kaufleute, Händler und Handwerker waren bei hoher Strafe gezwungen, diese rasch an Wert verlierenden bedruckten Blätter als Bezahlung von den Soldaten anzunehmen. Man konnte sie nur unter großem Verlust wieder in echtes Geld umtauschen. 1796 wurden diese Assignaten, nachdem sie nahezu den gesamten aufgedruckten Wert verloren hatten, für ungültig erklärt und aus dem Verkehr gezogen.

Diese ersten Jahre der französischen Besatzung waren eine harte Zeit für die Stadt und ihre Bewohner, und die Lage besserte sich erst, als Köln und das gesamte linke Rheinufer 1797 Teil der französischen Republik, also französisch wurden. Der alte Stadtrat war noch bis 1796 im Amt, aber er hatte nur noch nach der französischen Pfeife zu tanzen und für die Besatzer Geld einzutreiben. Schließlich wurde er aufgelöst, und der »Verbundbrief«, die vierhundert Jahre alte Verfassung der freien Reichsstadt von 1396, gehörte ebenso der Vergangenheit an wie die freie Reichs-

Ziemlich wertloses Papiergeld: Assignaten.

Die französischen Jahre 1794–1814

stadt selbst. Sie war jetzt nur noch Teil des französischen Departements »Rur« unter der Hauptstadt Aachen. Ein schwerer Schlag für das Kölner Selbstbewusstsein. Auch das Erzbistum Köln wurde aufgelöst und die katholischen Pfarrgemeinden wurden in das Bistum Aachen eingeordnet. Und dann lösten die neuen Machthaber 1798 auch die Kölner Universität auf, weil der Rektor und die meisten Professoren der Universität nicht bereit waren, die französischen Anordnungen zu befolgen.

Und doch hatten die Franzosen einige Berechtigung, sich als Befreier Kölns zu fühlen. Sie machten sich nämlich die mühevolle Arbeit, Köln von der Unordnung, dem Dreck und der Lähmung zu befreien. Dabei haben sie nicht nur Erfolg gehabt, aber doch vieles auf den richtigen Weg gebracht: Sie beendeten die Herrschaft der Zünfte und ermöglichten damit Konkurrenz und Fortschritt im Handwerk und in der Wirtschaft. Sie hoben die Beschränkungen gegen die Protestanten und Juden auf – übrigens gegen den Widerstand des noch amtierenden Rates. Juden durften nach der Ausweisung von 1424 die Stadt nur mit besonderer Genehmigung und nach Bezahlung eines »Stückgeldes«, das sonst nur auf Vieh erhoben wurde, besuchen. Dies wurde von den Franzosen ebenso für ungültig erklärt wie das Verbot, in Köln eine protestantische Kirche einzurichten. Seit 1798 lebten erneut Juden in Köln, und die Antoniterkirche auf der Schildergasse, die zu einem aufgelösten Kloster gehört hatte, wurde zur ersten protestantischen Kirche in Köln. Die Auflösung von Klöstern und vielen Kirchen war ein weiterer Schritt der französischen Erneuerer. Die Mönche und Nonnen wurden mit einer kleinen Rente auf die Straße gesetzt, die Gebäude und Ländereien der Klöster beschlagnahmt und zum städtischen Eigentum gemacht, der bewegliche Besitz der Klöster wurde verkauft. Wenn man bedenkt, dass es damals in Köln allein sechzig Klöster gegeben hat, so kam schon einiges zusammen, was jetzt anders genutzt werden konnte. In einigen Klostergebäuden entstanden Fabriken, andere wurden als Krankenhäuser oder Heime, zum Beispiel für Bettler und Obdachlose, genutzt, wieder andere als Kasernen oder Kriegsgefangenenlager. Oder aber als Pferdeställe.

> »Code civil«: Im französischen Köln galt natürlich das französische Recht, das wesentlich gleicher, offener und fairer aufgebaut war als die Rechtsprechung in reichsstädtischer Zeit. Als »Rheinisches Recht« ist es auch nach dem Abzug der Franzosen gültig geblieben.

Ferdinand Franz Wallraf (1748–1824). Als Rektor der Universität verweigerte er den Treueeid auf die französische Republik und wurde abgesetzt, als Sammler und Stifter hat er der Stadt viele Kunstschätze erhalten.

Die französischen Jahre 1794–1814

Es ist das große Verdienst des letzten Rektors der Universität, Ferdinand Franz Wallraf, dass er in diesen Jahren in Köln alles gekauft, gesammelt und gerettet hat, was ihm an Kirchenschätzen, Bildern und anderen Kunstwerken wertvoll erschien. Seine Wohnung am heutigen Wallrafplatz war so voll gestopft mit Kunstschätzen, dass man sich in ihr kaum bewegen konnte. Diese Sammlung, die er für die Zeit nach seinem Tod der Stadt Köln vermachte, ist ein wichtiger Ursprung des »Wallraf-Richartz-Museums« und vieler anderer Kölner Museen.

Darüber hinaus räumten die Franzosen die Stadt auf. Oder sie sorgten dafür, dass aufgeräumt wurde. Denn wie viele fremde Besucher vorher waren auch die französischen Generäle und Offiziere geschockt von dem Dreck auf den Straßen und Plätzen. Sie verboten es, Abfallkübel, Nachttöpfe und Ascheneimer einfach auf der Straße auszuleeren, und richteten eine Müllabfuhr ein. Die Bürger wurden verpflichtet, die Straße vor ihrem Grundstück sauber zu halten. Es hat zwar noch lange gedauert, bis das akzeptiert wurde, aber ein Anfang war gemacht. Ebenso begannen sie damit, das nachts stockfinstere und unsichere Köln mit Straßenlaternen zu beleuchten. Auch hier sind sie nicht weit gekommen, ihre »Aufklärungsarbeit« wurde aber in der preußischen Zeit weitergeführt. Um sich in dem Kölner Chaos zurechtzufinden, haben sie den Straßen Namen gegeben, diese sichtbar auf Deutsch und Französisch in die Mauern eingemeißelt und die Häuser der Stadt durchnummeriert. Das Haus des Kölnisch-Wasser-Produzenten Mülhens in der Glockengasse erhielt bei dieser Aktion die berühmte Nummer 4711. Schon 1795 erschien das erste Kölner Adressbuch. Schließlich verboten die Franzosen das Begraben der Toten auf den überfüllten Kirchenfriedhöfen und legten einen Zentralfriedhof außerhalb der Stadt auf dem Gelände des früheren Leprastifts »Melaten« an. Sie waren also keineswegs nur unbeliebt oder verhasst, die französischen Besatzer Kölns. Das Verhältnis der Kölner zu ihnen war zwiespältig, aber man fand sich mit ihnen ab. Auch dass sie den Karneval, den sie zunächst verboten hatten, wieder zuließen und dabei mitfeierten, brachte ihnen einige Pluspunkte.

Beschriftung des Hauses in der Glockengasse mit der Hausnummer 4711 durch einen französischen Korporal.

Straßenschild aus der Franzosenzeit in der Zeughausstraße.

Frankreich hatte sich unterdessen von einer Republik abermals in eine Monarchie verwandelt, mit dem erfolgreichen Feldherrn Napoleon Bonaparte als Kaiser auf dem Thron. Zweimal hat Kaiser Napoleon Köln besucht, und die Kölner haben ihn begeistert empfangen. Dieser Napoleon hatte zwar von Italien bis Preußen halb Europa besiegt und unterworfen, aber einen Frieden finden konnte er nicht. 1812 wandte er sich mit einer riesigen Armee gegen Russland. Er erreichte zwar Moskau, aber auf dem Rückzug vernichteten die plötzlich angreifenden Russen und der eisige russische Winter fast seine ganze Armee. Auch einige hundert Kölner, die diesen Feldzug mitmachen mussten, sind damals aus Russland nicht mehr zurückgekommen. Auf dem Melatenfriedhof hat ihnen die Stadt ein Denkmal errichtet.

Nach dieser Niederlage ging es mit Napoleons Herrschaft und Herrlichkeit schnell bergab. Die Völker Europas und besonders die Deutschen starteten nun gegen die einmal geschwächten Franzosen einen Befreiungskrieg. In der Völkerschlacht bei Leipzig wurden die Franzosen ein weiteres Mal schwer geschlagen und zogen sich hinter den Rhein zurück. Köln war jetzt für einige Monate Frontstadt, denn auf der anderen Rheinseite lagerten schon preußische und russische Truppen. Die Kölner selbst unternahmen nichts Bemerkenswertes gegen die Franzosen, sondern warteten geduldig ab, wie sich die Dinge weiterentwickeln würden. Anfang Januar 1814 versuchte ein preußischer Offizier, Major Ferdinand von Boltenstern,

Die französischen Jahre 1794–1814

Ein Denkmal für die Kölner, die von Napoleons Russlandfeldzug nicht mehr heimgekehrt sind, auf dem Friedhof Melaten.

mit einer kaum zweihundert Mann starken Truppe den Rhein zu überqueren und sich in Riehl festzusetzen, aber diesen Angriff konnten die Franzosen noch abwehren, wobei viele Angreifer auf dem Rückzug im Rhein ertrunken sind. Aber nur wenige Tage später, am 14. Januar 1814, sind die in und um Köln stationierten französischen Besatzungstruppen nach Westen abgezogen, um nicht eingeschlossen zu werden. Damit waren die zwanzig französischen Jahre in der Geschichte der Stadt vorbei. Sie haben der Stadt und ihren Bewohnern eine Menge Probleme und Kummer bereitet, aber sie haben die Stadt auch gründlich entrümpelt und entstaubt. Den abziehenden Franzosen folgten bereits die nächsten Besatzer: russische und preußische Soldaten. Auch sie mussten wieder in Kölner Häusern untergebracht und versorgt werden, und auch sie haben wieder geplündert. Zum Glück sind sie schon nach wenigen Wochen Richtung Frankreich weitergezogen.

Zum Ansehen Das Stadtmuseum hat eine kleine, aber interessante Abteilung über die Franzosenzeit.

Einige Original-Straßennamen in Deutsch und Französisch sind, wenn auch in schlechtem Zustand, an den noch stehenden drei Stadttoren und am Zeughaus/Stadtmuseum in der Zeughausstraße (»Rue de L'Arsenal«) zu sehen.

Das Denkmal für die Kölner Toten des Russlandfeldzuges auf dem Friedhof Melaten und dieser von den Franzosen eingerichtete erste Kölner Zentralfriedhof überhaupt.

Zum Weiterlesen Gerhard Brunn: Franzosen in Köln. In: Geschichte in Köln 26 (1989). S.19–41

Adolf Klein: Köln im 19. Jahrhundert. Von der Reichsstadt zur Großstadt. Köln 1992

Das preußische Köln 1815–1871

Wiener Kongress und Kölner Enttäuschung – Preußische Ordnung und Kölner Schlendrian – Der Karneval wird organisiert – Der wieder entdeckte Dom – Beginn der Dampfschifffahrt – Kölner Eisenbahnen – Industrie und Wirtschaft – Die Lage der Arbeiter in Köln – Demokratische Regungen – Die Revolution von 1848 – Köln auf dem Weg zur modernen Großstadt – Kriege und Reichsgründung

»Was jetzt?« war die Frage, die nach der endgültigen Niederlage Napoleons in vielen Ländern und Sprachen Europas gestellt wurde. Sollte alles wieder so werden wie vor der französischen Revolution und Besatzung? In den fünfundzwanzig Jahren war jedoch vieles passiert, was nicht mehr rückgängig gemacht werden konnte. In zahlreichen Teilen Europas waren die Vorrechte des Adels abgeschafft oder eingeschränkt worden, und die Bürger und Bauern waren freier und selbstbewusster geworden. Die kleinen Einzelstaaten, Fürstentümer und freien Städte, die früher alle unter dem Dach des Reiches gewohnt hatten, hatten unter den Franzosen ihre Selbstständigkeit verloren. Das »Heilige Römische Reich Deutscher Nation« gab es seit 1806 nicht mehr, der letzte Kaiser hatte die Krone niedergelegt.

In Köln träumten zwar manche Bürger von einer Rückkehr zur Reichsstadt und zur Ratsherrschaft, aber es blieb beim Träumen. In Wien tagte ein ganzes Jahr lang ein Kongress europäischer Staatsmänner, die sich nach der Niederlage Frankreichs und dem Ende des Reiches auf eine neue europäische Landkarte einigen mussten. Das Resultat war, dass kein neues Deutsches Reich gebildet wurde, sondern ein lockerer »Deutscher Bund« von fünfunddreißig Einzelstaaten mit Österreich und Preußen als Führungsmächten, und dass das Rheinland an Preußen fallen sollte. Die Kölner waren alles andere als begeistert, in Zukunft zu Preußen zu gehören. Sie waren nicht gefragt worden, sie hatten dem aber auch nichts entgegenzusetzen, denn am Krieg gegen Napoleon und an der Befreiung des Reiches hatten sie sich nicht beteiligt.

Die Preußen waren im Rheinland ziemlich unbeliebt: Sie waren Protestanten, sie galten als diszipliniert, streng, sparsam und militaristisch – und sie verstanden keinen Spaß. Diese neuen Herren waren in vielem das genaue Gegenteil der Rheinländer. Mit ihren ersten Maßnahmen und Entscheidungen machten sie sich in Köln, der nach Berlin zweitgrößten Stadt in Preußen, auch keine Freunde: Die von den Franzosen geschlossene Universität wurde nicht wieder eröffnet, stattdessen wurde in Bonn die Rheinische Universität eingerichtet. Als Hauptstadt der Rhein-

Das preußische Köln 1815–1871

provinz bestimmte der preußische König Koblenz. Köln war nur noch Zentrale eines Regierungsbezirks mit einem Regierungspräsidenten an der Spitze. Immerhin wurde das Erzbistum Köln wiederhergestellt, und Köln hatte seit vielen Jahrhunderten wieder Erzbischöfe in seinen Mauern. Aber das verdankte man eher dem Papst in Rom als den Preußen in Berlin. Die setzten alles daran, ihre westliche, grenznahe Neuerwerbung zu einer modernen Festung auszubauen und Soldaten in der Stadt zu stationieren. Die ersten großen preußischen Bauten waren daher Kasernen am Neumarkt und in Deutz. Es gefiel den trotz allen Abstiegs immer noch selbstbewussten Kölnern auch nicht, dass alle wichtigen Positionen in der Verwaltung mit Beamten aus dem fernen Altpreußen – mit »Litauern« sagten sie abfällig – besetzt wurden. Die Regierungspräsidenten hatten als Staatsvertreter immer das letzte Wort und lagen oft im Streit mit den ebenfalls vom König ernannten Oberbürgermeistern, die aus der Kölner Bürgerschaft stammten. Das lag aber auch daran, dass die Stadt Köln nach so viel Besetzung und immer neuen Steuern finanzschwach und auf staatliche, also preußische Gelder angewiesen war. Diese Gelder flossen nicht nur in militärische Projekte, sondern auch in den Ausbau und in die Modernisierung der Stadt. Dabei wurde von den Preußen vieles energisch fortgeführt, was von den Franzosen angefangen worden war. So führten sie zwar langsam und gegen viele Widerstände, aber nach Jahrzehnten doch erfolgreich ein allgemeines Volksschulsystem ein, kümmerten sich um Ausbildung und Bezahlung von Lehrern, setzten die allgemeine Schulpflicht durch und förderten die Gründung von Gymnasien und Realschulen. Sie behielten etwas widerwillig das französische Rechtswesen als »Rheinisches Recht« bei und bauten für das Berufungsgericht, bei dem man gegen den Urteilsspruch eines anderen Gerichtes Berufung einlegen konnte, den »Appellhof«, ein großes halbkreisförmiges Backsteingebäude mitten in die Stadt. Sie richteten eine öffentliche Armenfürsorge ein, Krankenhäuser und ein Waisenhaus, die zwar anfangs recht bescheiden waren, aber doch zeigten, dass der Staat sich für soziale Aufgaben zuständig fühlte.

Das preußische Köln 1815–1871

1826 fertig gestellt: Der Königliche Appellationsgerichtshof, im Volksmund »Appellhof« genannt, 1883–93 aus- und umgebaut.

Überall waren sie tätig, diese Preußen. Man kam nicht an ihnen vorbei, ob als wohlhabender Bürger oder als Tagelöhner. Immer deutlicher drückten sie der Stadt ihren Stempel auf. Und die Stadt wuchs. Waren es in den Jahrhunderten der freien Reichsstadt zwischen dreißig- und fünfzigtausend Menschen gewesen, die innerhalb des Mauerrings lebten, so war die Bevölkerung 1825 schon auf sechzigtausend angestiegen. Im Jahr 1849 gab es bereits fünfundneunzigtausend Kölner, und es wurden immer mehr. Allmählich wurde es eng in der Stadt. Viele Neukölner waren aus dem Umland zugezogen, wo die Bauern inzwischen frei, aber immer noch arm waren. In Köln wurden Arbeitskräfte gebraucht, auf den vielen Baustellen, in Handel und Handwerk und in den ersten Industriebetrieben. Das engere Zusammenleben der Menschen führte aber auch zur raschen Ausbreitung von oft tödlichen Krankheiten: Cholera-, Typhus- und Pockenepidemien lösten sich in Köln im neunzehnten Jahrhundert ab. Grund genug für den preußischen Staat, die bereits von den Franzosen eingeführten Sauberkeitsvorschriften, vor allem die regelmäßige Müllabfuhr, mit größerem Nachdruck durchzusetzen. So wurden die Kölner in allen Lebensbereichen mit der preußischen Obrigkeit konfrontiert. Sie waren nicht begeistert, vieles blieb ihnen lästig und fremd. Luft gemacht haben sie sich im Karneval, in dem sie die preußische Zackigkeit verspotten durften. War die rheinische Fastnacht bis dahin eher ein ungeordnetes, wildes Feiern der unteren Volksschichten gewesen, so bekam der Kölner Karneval jetzt

Schutzmann Schnäuzerkowski, der absolut humorlose, wichtigtuerische preußische Polizeiwachtmeister aus dem Kölner Hänneschen-Theater, der seit 1802 bestehenden ältesten festen Puppenbühne Deutschlands.

! Rosenmontag. Einer der höchsten Kölner Feiertage und Höhepunkt des Karnevals ist der Rosenmontag, auf kölsch »Rusemondaach«, der auf den Sonntag Laetare, den Rosensonntag folgt, der im katholischen Köln als »Halbfasten«, als Unterbrechung der Fastenzeit begangen wurde. Die Farbe der liturgischen Gewänder am Sonntag Laetare ist rosa. Traditionell wurde am Rosensonntag im Rheinland auch der Winter ausgetrieben, indem eine Strohpuppe durch die Straßen getragen und anschließend verbrannt wurde.

Das preußische Köln 1815–1871

feste Formen, die bis heute bestehen. Seit 1823 gibt es das Festkomitee als Dachverband aller Karnevalsvereine, den traditionellen Rosenmontagszug, den »Prinz Karneval«, später mit dem Kölner Bauern und der Kölner Jungfrau zum Dreigestirn erweitert, und die Karnevalssitzungen mit ihren Ritualen. Und es gab auch wieder die »Funken«, die jetzt den preußischen Militärdrill ins Lächerliche zogen.

Das beeindruckendste Bauwerk Kölns war auch zu Beginn des neunzehnten Jahrhunderts immer noch der nicht vollendete Dom. Seit mehr als zweihundertfünfzig Jahren stand der Koloss wie ein Mahnmal auf dem Domhügel und erinnerte daran, dass der Stadt etwas Wichtiges fehlte. Vor allem in der Franzosenzeit hatte der Bau stark gelitten, als in seinem Langhaus Kriegsgefangene untergebracht wurden, die die Inneneinrichtung verheizt haben, um nicht zu erfrieren. Später war er Futtermittellager und Pferdestall. Man hatte sogar mit dem Gedanken gespielt, den Dom abzureißen. Nun war er zwar wieder als Gotteshaus eingerichtet worden, aber er war mehr als baufällig. Vielleicht war es gerade dieser drohende endgültige Verfall, der bei Kölnern und bei allen Deutschen den Ehrgeiz weckte, ihn nicht nur zu

Der Rosenmontagszug des Jahres 1836 umrundet den Kölner Neumarkt, die Zuschauer stehen außen herum. Gemälde von Simon Meister.

retten, sondern auch als Nationaldenkmal fertig zu bauen. Durch einen glücklichen Zufall war 1814 der lang verschollene Plan der Fassade wieder gefunden worden, weit weg von Köln, je eine Hälfte in Darmstadt und eine in Paris. Der Kölner Kaufmannssohn Sulpiz Boisserée machte es sich zur Lebensaufgabe, für die Erhaltung und Vollendung des Doms zu werben. Und er fand nicht nur in Köln, sondern in ganz Deutschland Zustimmung für seinen Plan. Entscheidend war dabei sicherlich, dass Boisserée sowohl den großen Dichter Johann Wolfgang von Goethe als auch den preußischen Kronprinzen für den Domweiterbau begeistern konnte. Als dieser im Jahr 1840 als Friedrich Wilhelm IV. preußischer König wurde, hat er den Dombau von höchster Stelle aus gefördert. Nachdem der damalige Dombaumeister Schinkel die Renovierungs- und Erhaltungsmaßnahmen am mittelalterlichen Dom durchgeführt und abgeschlossen hatte, wurde 1842 in nationaler Begeisterung der Grundstein zum Weiterbau gelegt. Und von da an ging es zügig voran und in die Höhe. Die Gelder für den Bau kamen etwa zur Hälfte aus Berlin, zur Hälfte aus Sammlungen und Spenden an den Dombauverein. Als diese Gelder aber nicht ausreichten, um die Türme auf ihre 157 Meter hochzuziehen, gründete man die heute noch bestehende Dombaulotterie, deren Erlös in die Erhaltung und den Weiterbau des Doms floss und fließt. Unterstützt von fortgeschrittener Technik haben die Dombaumeister Zwirner und Voigtel dann in achtunddreißig Jahren bis 1880 den im Jahre 1248 angefangenen Bau endlich vollendet.

Kölner Banken
Die rasche Industrialisierung in Köln und im Rheinland wäre nicht denkbar gewesen ohne das gut entwickelte Kölner Bankwesen. Denn das Geld für den Bau von Fabrikanlagen und Verkehrswegen konnten Privatleute allein kaum noch aufbringen. Als Kreditgeber und somit Förderer von Industrie und Handel waren um die Jahrhundertmitte vor allem die Kölner Privatbankiers Herstatt, Schaaffhausen, Stein und Oppenheim von großer Bedeutung.

Aber auch zu Füßen des wachsenden Doms veränderte sich die Stadt und das Leben in ihr dramatisch. In England hatte früher als auf dem Kontinent die Industrialisierung begonnen, jetzt zeigten sich ihre Auswirkungen auch in Deutschland und Köln. Ihr deutlichstes Zeichen war die Dampfmaschine. Schon 1816 erschien das erste englische Dampfschiff in Köln, weitere folgten in den Jahren darauf. Ab 1826 ließ die »Preussisch-Rheinische Dampfschiffahrtsgesellschaft« auf dem Rhein

Ein Schaufelraddampfer legt in Köln an.

Schaufelraddampfer fahren, zum Leidwesen der Treidler, die bis dahin die Schiffe mit Pferden rheinaufwärts gezogen hatten und jetzt arbeitslos wurden. 1831 wurde das Stapelrecht abgeschafft, der Rhein galt nun als internationale Wasserstraße, und zum Abladen und Umladen in Köln bestand nach der Erfindung der Dampfschiffe auch keinerlei Notwendigkeit mehr.

Bald danach dampfte es auch auf dem Land. Um eine schnellere Verbindung zum Meer zu haben, planten rheinische Geschäftsleute einen »eisernen Rhein«, das heißt eine Eisenbahn von Köln über Aachen und Lüttich zur Hafenstadt Antwerpen. Überall im Deutschen Bund experimentierte man mit dieser englischen Erfindung herum, die erste Eisenbahn auf deutschem Boden fuhr schließlich 1835 von Nürnberg nach Fürth.

In Köln dauerte es noch ein paar Jahre, denn der preußische Staat überließ das Risiko und die Kosten dieses Projekts der »Preußisch-Rheinischen Eisenbahngesellschaft«, einer Aktiengesellschaft. Am 2. August 1839 verkehrte der erste Zug von Köln nach Müngersdorf, ab 1841 konnte man bis Aachen und ab 1843 bis zur belgischen Grenze und weiter nach Antwerpen fahren. Drei weitere Eisenbahngesellschaften bauten und betrieben in den folgenden Jahren die Strecken Köln–Düsseldorf–Duisburg–Dortmund–Minden (mit Anschluss nach Berlin), Köln–Bonn und Köln–Krefeld. Alle vier Bahngesellschaften hatten eigene Kopfbahnhöfe über die Stadt verteilt, was das Umsteigen und das Umladen der Güter umständlich machte. Köln war aber jetzt eine Eisenbahnstadt geworden und ist es bis heute. Das rasch

Fahrplan der Eisenbahngesellschaften, die Köln anfuhren, aus dem Jahr 1847.

wachsende Eisenbahnnetz schuf wiederum viele Arbeitsplätze für Bahnhofs- und Zugpersonal, auf den Güterbahnhöfen und beim Streckenbau, aber auch in der großen Waggonfabrik, die in Deutz entstand, und im Bahnausbesserungswerk im späteren Vorort Nippes.

Arbeit gab es also genug in der Stadt. Es entstanden große Betriebe und erste Fabriken wie Stollwerck, Felten & Guilleaume, dann die Zuckerfabriken und die Tabakverarbeitung. Die Textilverarbeitung war der billigen englischen Konkurrenz aber nicht gewachsen und schrumpfte. Und die Löhne, die gezahlt wurden, waren wie überall in den dreißiger und vierziger Jahren des neunzehnten Jahrhunderts so niedrig, dass kein Mensch davon leben konnte. Hunger und Elend in völlig überfüllten Häusern und Buden prägten das Leben tausender Arbeiter und ihrer Familien. Es entstand eine rasch wachsende Arbeiterklasse und damit ein Proletariat, das seine Unzufriedenheit deutlich zeigte. Kinderarbeit für Hungerlöhne war in vielen Familien lebenswichtig. 1839 hat der preußische Staat das erste Kinderschutzgesetz erlassen, Kinder durften jetzt erst ab dem neunten Lebensjahr und höchstens zehn Stunden am Tag in den Fabriken arbeiten. Damals galt das als Fortschritt, vielen Familien ging es jedoch so

Das preußische Köln 1815–1871

Adolf Kolping
Der Kölner Priester und Sozialreformer Adolf Kolping (1812–1865) war einer der ersten, die dem Elend der auf Wanderschaft gehenden Gesellen mit praktischer Hilfe begegneten. Der von ihm 1849 gegründete »Gesellenverein« unterhielt in der Breite Straße das Kölner Gesellenhaus, in dem wandernde Handwerksgesellen ein Dach über dem Kopf fanden. Nach dem Kölner Vorbild gab es bald in allen katholischen Gebieten Deutschlands und darüber hinaus »Kolpinghäuser« und ein internationales »Kolpingwerk«.

schlecht, dass sie sich darüber nicht einmal freuen konnten. Und ab 1853 wurde Kinderarbeit erst ab zwölf Jahren und bis zu sieben Stunden am Tag erlaubt.

Unzufriedenheit, vor allem mit der preußischen Herrschaft, zeigten aber auch andere Gruppen der Kölner Bevölkerung. Da waren die Katholiken, die sich einmütig hinter ihren Erzbischof Clemens August Droste von Vischering stellten, als der von der preußischen Regierung bei den »Kölner Wirren« 1837 verhaftet und auf die Festung Minden in Westfalen gebracht worden war. Er hatte in der Frage der Mischehen zwischen Katholiken und Protestanten und der Kirchenzugehörigkeit der aus diesen Ehen hervorgegangenen Kindern einen anderen Standpunkt als die preußische Regierung und bestimmte, dass diese Kinder katholisch getauft werden müssten. Schließlich hat die Regierung in Berlin nachgeben müssen, weil das ganze katholische Rheinland in Opposition zur preußischen Regierung stand. Erzbischof Vischering ist aber die Rückkehr nach Köln verboten worden. Und da waren die Liberalen aus dem Bürgertum und aus der Wirtschaft, die mit der Bevormundung durch den König und seine Regierung nicht einverstanden waren. Sie wollten Wahlrecht, eine Verfassung und Meinungsfreiheit. Die beiden in Köln erscheinenden Zeitungen, die »Kölnische Zeitung«, eine Vorgängerin des heutigen »Kölner Stadt-Anzeigers«, und die »Rheinische Zeitung« mit dem späteren Theoretiker des Kommunismus Karl Marx als Redakteur wurden von der Regierung sehr kritisch beobachtet und häufig zensiert, so dass viele Artikel und Berichte gar nicht erst gedruckt werden durften. Die »Rheinische Zeitung« wurde 1843 – nach nur einem Jahr – als staatsgefährdend verboten.

Diese Unzufriedenheit war aber nicht nur auf Köln oder Preußen beschränkt. Überall in den deutschen Staaten lagen Unruhe und Protest in der Luft. Hinzu kam das Verlangen vieler Deutscher, endlich – wie die Nachbarn auch – in einem zusammenhängenden, gemeinsamen Staat oder Reich zu leben und nicht in einem losen Verbund von Einzelstaaten. »Deutschland, Deutschland über alles« und »Einigkeit

Franz Raveaux, 1810–1851.

Andreas Gottschalk, 1815–1849.

und Recht und Freiheit« waren die Parolen aus dem »Lied der Deutschen« von Hoffmann von Fallersleben, die den meisten aus der Seele sprachen. Nicht aber den Königen und Fürsten und ihren Regierungen in Berlin, Wien, Hannover, Stuttgart, München, Kassel oder Detmold, um nur einige »Hauptstädte« zu nennen.

Ihr Ende schien gekommen, als im Februar 1848 in Frankreich eine neue Revolution ausbrach, die rasch auf die deutschen Staaten übergriff. In fast allen größeren Städten gingen die Menschen auf die Straße, demonstrierten für mehr Freiheit, für Gerechtigkeit und für einen deutschen Einheitsstaat. Wie der aber aussehen sollte, ob Monarchie oder Republik, darüber gingen die Meinungen der Demonstranten weit auseinander.

In Köln versammelten sich schon am 3. März 1848 tausende Arbeiter und Demokraten vor dem Rathaus und forderten Wahlrecht, Meinungsfreiheit und Schutz der Arbeit. Während der Stadtrat noch zögerte, diese Forderungen zu unterstützen, zog preußisches Militär auf, trieb die Demonstranten auseinander und verhaftete ihre Wortführer.

Eine Abordnung des Kölner Stadtrates trug schließlich dem König in Berlin gemäßigtere Forderungen vor, erlebte aber anschließend mit, wie die Berliner Demonstranten nicht vor dem Militär zurückwichen, sondern Barrikaden bauten und sich wehrten. Nachdem es Tote gegeben hatte, gab der preußische König nach und versprach eine Verfassung sowie Meinungs- und Pressefreiheit. Was in Berlin gelungen war, war in den kleineren Staaten wie Bayern, Sachsen, Württemberg oder Baden schon früher eingetreten: Die gekrönten Häupter waren zu fast allem bereit, die Angst vor der Revolution lähmte sie. In ganz Deutschland wurden Abgeordnete gewählt, die in der Nationalversammlung in der Frankfurter Paulskirche langwierige Beratungen über die Zukunft Deutschlands führten. Als Kölner Vertre-

Das preußische Köln 1815–1871

Karl Marx, 1818–1883.

ter wurde der Demokrat Franz Raveaux gewählt. Die Könige und Fürsten hatten inzwischen Zeit, sich vom ersten Schock zu erholen.

In Köln waren die Wortführer der Märzproteste wieder in Freiheit und kämpften weiter. Der Armenarzt Dr. Andreas Gottschalk gründete im April 1848 den Kölner Arbeiterverein, der im Sommer bereits siebentausend Mitglieder hatte. Die 1843 verbotene »Rheinische Zeitung« erschien jetzt als »Neue Rheinische Zeitung«, ihr Chefredakteur wurde der aus Paris zurückgekehrte Verfasser des »Manifests der kommunistischen Partei«, Karl Marx. Die Preußen mussten sogar zulassen, dass die Kölner eine bewaffnete Bürgerwehr aufstellten. Es sah also ganz gut aus für die Revolution. Aber je länger die Nationalversammlung in Frankfurt tagte und redete, umso mehr nahm in Köln die Revolutionsbegeisterung ab. Bald reagierten die Regierungen, und besonders die preußische, wie früher: mit Verboten, Verhaftungen und Militäreinsatz. Die Kölner Bürgerwehr wurde schon Ende September aufgelöst und lieferte brav ihre Waffen ab. Der preußische König Friedrich Wilhelm IV. war sogar im Revolutionssommer 1848 zu Besuch in Köln, um mit anderen hohen Gästen den 600. Jahrestag des Dombaubeginns zu feiern. Und er wurde in Köln richtig freundlich empfangen.

Kölner Barrikade ohne Verteidiger, September 1848.

Im »Kommunistenprozess« wurde offenkundig, dass die preußischen Behörden Beweismittel gefälscht und Zeugen bestochen hatten. Dennoch wurden sieben der elf Angeklagten zu Haftstrafen verurteilt, unter ihnen der spätere Oberbürgermeister Hermann Becker.

Die Nationalversammlung in der Frankfurter Paulskirche hatte sich zwar inzwischen auf eine Staatsform, eine Verfassung und auf die Staatsgrenzen eines künftigen Deutschen Reiches geeinigt, aber es war zu spät. Der preußische König, dem man die Rolle des Kaisers zugedacht hatte, wies diese Ehre schroff zurück. Damit war die Nationalversammlung gescheitert – und die Revolution mit ihr. Dass auch in Köln damit Schluss war, dafür sorgten der Regierungspräsident, die Justiz und das Militär. Die »Neue Rheinische Zeitung« wurde im Mai 1849 verboten, Karl Marx wurde ausgewiesen und ging nach England ins Exil. Der Arbeiterverein wurde aufgelöst, seine Führer und andere Kölner Demokraten wurden im Kölner »Kommunistenprozess« vor Gericht gestellt und zu Gefängnisstrafen verurteilt.

Und doch war nicht alles umsonst gewesen. König und Regierung waren jetzt gewarnt. So erließ der König eine Verfassung, in der sogar Wahlrecht vorgesehen war. Aber der preußische Landtag sollte ebenso wie die Stadtverordnetenversammlungen nur von Haus- und Grundbesitzern und Leuten ab einem bestimmten Jahreseinkommen gewählt werden. In Köln waren das nur etwa fünf Prozent der Bevölkerung. Alle anderen, und dazu gehörten auch die Frauen, hatten kein Wahlrecht. Da

Das preußische Köln 1815–1871

Eine nur zeitweise feste Verbindung: Die Schiffsbrücke. Im Hintergrund die Eisenbahnbrücke. Auch beim Dombau geht es zügig voran.

die Verfassung auch das Vereinigungsrecht gewährte, konnten sich zumindest politische Vereine bilden, die Vorläufer der späteren Parteien. In Köln waren das vor allem liberale und katholische Vereinigungen.

Der überwiegende Teil des Bürgertums kümmerte sich nach dem Scheitern der Revolution erst einmal um persönliche und geschäftliche Dinge. Und das mit Erfolg. Nach 1850 ging in Köln die Industrialisierung richtig los. In der Stadt selbst war aber kaum noch Platz für größere Betriebe und Fabriken, und vor der Stadtmauer durfte ein etwa ein Kilometer breiter Streifen aus militärischen Gründen nicht bebaut werden. Die Betriebe mussten ausweichen und siedelten sich entweder rechtsrheinisch in Mülheim, Kalk oder Deutz oder linksrheinisch auf dem flachen Land an, auf jeden Fall aber außerhalb Kölns. Viele Arbeiter zogen gleich mit um. Nippes, Ehrenfeld und Bayenthal sind rasch zu blühenden Kleinstädten herangewachsen, die mit Köln durch die Eisenbahn verbunden waren. Inzwischen hatte die Stadt mehr als hunderttausend Einwohner, und sie wuchs weiter. Immer enger und voller wurde es in Köln. Aber noch lehnten die preußischen Militärs alle Ideen, die Mauer abzureißen und die Stadt zu erweitern, entschieden ab.

Die Situation mit den vier Bahnhöfen, drei linksrheinisch, einer rechtsrheinisch, war im Lauf der Jahre immer unerträglicher geworden. Zwar hatten die Preußen schon 1822 eine feste Verbindung über den Rhein angelegt, eine auf zweiundvierzig Kähnen schwimmende Schiffsbrücke, aber das war eine recht unsichere Sache. Wenn Schiffe passieren wollten, musste sie geöffnet werden, bei Hochwasser oder Eisgang wurde sie ganz eingezogen. Verschiedene Eisenbahngesellschaften, der preußische Staat und die Stadt Köln bauten schließlich gemeinsam eine Eisenbahnbrücke über den Rhein, die 1859 eingeweiht wurde. Es war die erste feste Brücke zwischen Köln und Deutz seit der Römerzeit. Wegen ihres Aussehens hatte sie den Spitznamen »Muusfall« (= Mausefalle), sie stand an der Stelle der heutigen Hohenzollernbrücke und durfte auch von Fußgängern benutzt werden. Und weil mit dieser Brücke das links- und das rechtsrheinische Eisenbahnnetz zusammenge-

Der »Cölner Central-Personenbahnhof« von 1859.

Das preußische Köln 1815–1871

wachsen waren, brauchte man einen Zentralbahnhof. Gebaut wurde er dort, wo heute noch der Hauptbahnhof steht, also in unmittelbarer Nähe zum weiter wachsenden Dom.

Andere großstädtische Anlagen folgten bald: der Zoologische und der Botanische Garten (»Flora«) außerhalb der Stadt, dann durch eine Stiftung des Kölner Großhändlers Johann Richartz das »Wallraf-Richartz-Museum«, in dem die Sammlung Wallraf untergebracht wurde, ein Theater in der Komödienstraße, eine große protestantische Kirche, die Trinitatiskirche, und eine prachtvolle Synagoge in der Glockengasse, wo heute das Opernhaus steht. Köln hatte inzwischen mehrere Gymnasien, ein großes Krankenhaus, das »Bürgerhospital«, war der Sitz bedeutender Banken und Versicherungen und war immer noch nach Berlin die zweitgrößte Stadt Preußens.

Auffahrt zur »Muusfall«, die in Richtung Deutz rechts einen Straßenteil und links einen Gleistrakt hatte. An dem Kontrollpunkt im Vordergrund musste der Brückenzoll bezahlt werden. Bei Jugendlichen war es eine beliebte Mutprobe, sich an den Beamten vorbeizuschmuggeln. Auch beim Verlassen der Brücke (links) wurde kontrolliert.

Die Synagoge in der Glockengasse, errichtet vom Dombaumeister Ernst Zwirner 1857–61.

In den sechziger Jahren des neunzehnten Jahrhunderts machte sich Preußen unter seinem Ministerpräsidenten Bismarck an jene Aufgabe, an der die Nationalversammlung von 1848 gescheitert war, an die Einigung Deutschlands: dieses Mal aber nicht als Volksbewegung von unten, sondern mit »Blut und Eisen« – mit Krieg. Der Hauptkonkurrent Österreich wurde gewaltsam aus Deutschland herausgedrängt und eine Kriegserklärung Frankreichs an Preußen und die mit Preußen verbündeten deutschen Staaten provoziert. Als dieser Deutsch-Französische Krieg von 1870/71 mit einem Sieg der verbündeten Deutschen endete, wurde aus den deutschen Einzelstaaten ein »Deutsches Reich« mit dem preußischen König – nunmehr Kaiser Wilhelm I. – als Staatsoberhaupt.

Änderte sich dadurch etwas für Köln? Nun, es blieb natürlich im Reichsland Preußen. An die Preußen hatte man sich inzwischen gewöhnt, der Erfolg sprach schließlich für sie. Und die Kölner waren und sind anpassungsfähig. Aber Köln war jetzt auch eine deutsche Stadt, und zwar eine der größten. Auch hier am Rhein machte sich in den folgenden Jahren eine deutsch-patriotische Hurra-Stimmung breit, und man marschierte jetzt nicht mehr nur am Rosenmontag.

Das preußische Köln 1815–1871

Zum Ansehen Das Gerichtsgebäude am Appellhofplatz.

Das Regierungsgebäude in der Zeughausstraße und die schräg gegenüberliegende »Alte Wache«, ursprünglich ein Arrestbau der preußischen Militärverwaltung, beide im klassizistischen Stil.

Das Reiterstandbild Friedrich Wilhelm III. auf dem Heumarkt und die Reiterdenkmäler für die preußischen Könige und Kaiser auf beiden Seiten der Hohenzollernbrücke.

Die preußischen Forts am Neusser Wall neben dem Eisstadion und im Friedenspark.

Über die Lebensbedingungen wohlhabender und armer Kölner, über die Anfänge der Industrialisierung und mit anschaulichen Modellen über die Anfänge der Dampfschifffahrt informiert die Ständige Ausstellung im Stadtmuseum.

Zum Weiterlesen Georg Bönisch: Köln und Preußen. Kultur- und sozialgeschichtliche Skizzen des 19. Jahrhunderts. Köln 1982

Adolf Klein: Köln im 19. Jahrhundert. Von der Reichsstadt zur Großstadt. Köln 1992

Köln wird eine moderne Großstadt: 1871–1918

Das zweite deutsche Kaiserreich und das deutsche Köln – Kulturkampf und politischer Katholizismus – Der Dom wird fertig – Industrie, Arbeiterschaft und Sozialismus – Wachstum und Stadterweiterungen – Der Verkehr in, von und nach Köln – Der Weg in den Krieg – Köln im Ersten Weltkrieg

8

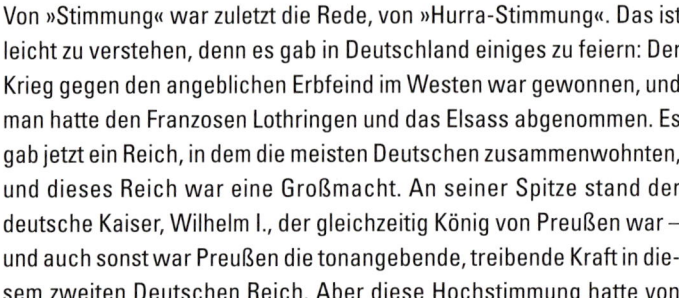

Von »Stimmung« war zuletzt die Rede, von »Hurra-Stimmung«. Das ist leicht zu verstehen, denn es gab in Deutschland einiges zu feiern: Der Krieg gegen den angeblichen Erbfeind im Westen war gewonnen, und man hatte den Franzosen Lothringen und das Elsass abgenommen. Es gab jetzt ein Reich, in dem die meisten Deutschen zusammenwohnten, und dieses Reich war eine Großmacht. An seiner Spitze stand der deutsche Kaiser, Wilhelm I., der gleichzeitig König von Preußen war – und auch sonst war Preußen die tonangebende, treibende Kraft in diesem zweiten Deutschen Reich. Aber diese Hochstimmung hatte von Anfang an etwas Aggressives und für die Nachbarn Bedrohliches. Dazu trug auch die erfolgreiche preußische Armee bei, die genauso das Bild dieses Reiches bestimmte wie die Wichtigtuerei der Hohenzollernkaiser und des Hochadels. Das Deutsche Reich von 1871 war keine wirkliche Demokratie. Zwar gab es jetzt in Berlin einen Reichstag, aber dieser durfte nur bei der Gesetzgebung mitarbeiten und den jährlichen Staatshaushalt genehmigen. Die vom Kaiser eingesetzte Regierung kontrollieren oder sie gar stürzen konnte er nicht. Solange die Reichskanzler – die ersten zwanzig Jahre des neuen Reiches war Otto von Bismarck Kanzler – das Vertrauen des Kaisers hatten, konnten sie unumschränkt regieren.

Die Kölner, die seit mehr als einem halben Jahrhundert preußisch waren, hätten guten Grund gehabt, sich auf der Siegerseite zu fühlen und mitzufeiern. Das Reich ist in seiner westlichsten Großstadt auch von Anfang an akzeptiert worden. Die Rheinländer fühlten sich als Deutsche endlich in ihrem Nationalstaat angekommen. Die Weiterführung des Dombaus war jetzt keine Kölner oder preußische Sache mehr, sondern eine Aufgabe aller Deutschen. Der Dom wurde somit zu einem Symbol der deutschen Einheit. Und dennoch herrschte eine Distanz zur Berliner Regierung, und die hatte viel mit der Religion zu tun. Schon 1871 hatte sich, ausgehend von Köln und gefördert von katholischen Geistlichen, eine politische Partei gebildet, deren Ziel die Verteidigung der Rechte der Katholiken im überwiegend protestantischen Deutschen Reich war. Das »Zentrum«, so hieß die Partei, stand von Anfang an in Opposition zu dem protestantisch dominierten Reich. Reichskanzler Bismarck sah in den Zentrumsleuten sogar Reichsfeinde, die ausgeschaltet werden müssten. Schon bald nach der Reichsgründung war der Konflikt da, den man »Kulturkampf« nennt. Die Regierung erließ eine Reihe von Gesetzen und Verordnungen, die den Einfluss der römisch-katholischen Kirche in Deutschland einschränken sollten. Besonders in dem immer noch zu fast neunzig Prozent katholischen Köln wurden diese Gesetze mit aller Staatsmacht durchgesetzt. Da gab es den »Kanzelparagraphen«, der verbot, dass Priester sich in der Predigt zu politischen Fragen äußerten. Ferner be-

Köln wird eine moderne Großstadt: 1871–1918

Nicht nur für Kölner Katholiken ein schockierendes Ereignis: Die Verhaftung des Erzbischofs Paulus Melchers am 31. März 1874.

anspruchte der Staat die Schulaufsicht auch in den von katholischen Orden betriebenen Schulen und Internaten. Der Jesuitenorden, der in Köln seit der Gegenreformation besonders aktiv gewesen war, wurde verboten. Ehen waren erst dann gültig, wenn sie auf dem Standesamt und nicht nur in der Kirche geschlossen waren. Und noch so manches mehr. Darüber geriet das gesamte katholische Rheinland in Aufregung und Widerstand.

Seinen Höhepunkt erreichte der Kulturkampf, als 1874 der Kölner Erzbischof Paulus Melchers verhaftet und im Gefängnis »Klingelpütz« eingesperrt wurde. Als Melchers nach einem halben Jahr entlassen wurde, ging er nach Holland, und der Erzbischofsstuhl blieb bis 1885 leer. Aber die Regierung in Berlin musste einsehen, dass sie nicht gegen den organisierten Widerstand vieler Millionen Katholiken im Rheinland regieren konnte, und nahm eine Reihe von Gesetzen wieder zurück. Der Zentrumspartei hat der Kulturkampf auf jeden Fall einen großen Zulauf verschafft. Schon bald war sie die zweitstärkste Partei im Reichstag; in Köln, im Rheinland und in Westfalen sollte sie bis zu ihrem Ende im Jahr 1933 die stärkste Partei bleiben.

Von diesen religiös-politischen Streitigkeiten ungebremst wuchs der Kölner Dom zügig seiner Vollendung entgegen. Schon 1863 war die hohe Mauer gefallen, die seit 1322 den Chor abgetrennt und für Gottesdienste nutzbar gemacht hatte. Jetzt ging es um die Inneneinrichtung und die Türme natürlich, die wie zwei Finger in den Himmel wuchsen. Spenden aus ganz Deutschland, Sammlungen, die Dombaulotterie und Beiträge des Staates sorgten dafür, dass der Bau finanziert werden konnte.

Bei der Einweihung 1880 waren die Türme noch eingerüstet.

Kölner Dom, die Spitze des Nordturms, 1881.

Und die moderne Technik des Industriezeitalters beschleunigte die Arbeit. Nicht der mit Muskelkraft bewegte Kran auf dem Südturm, der so lange das Stadtbild Kölns überragt hatte, sondern von Motoren betriebene Hebewerke holten die tonnenschweren Steine in immer höhere Höhen. Gleichzeitig wurden alle Gebäude, die unmittelbar an den Dom grenzten, abgerissen, damit von keiner Seite der Blick auf das Prachtstück verstellt war. Für den Südturm stiftete der Kaiser eine 545 Zentner schwere Glocke, die »Kaiserglocke«, die aus dem Erz von zweiundzwanzig im Krieg erbeuteten französischen Kanonen gegossen worden war. 1918, gegen Ende des Ersten Weltkriegs, wurde sie heruntergeholt, eingeschmolzen und wieder in Kanonen zurückverwandelt. Zum Schluss wurden die Kreuzblumen, neuneinhalb Meter hohe nach oben spitz zulaufende, reich verzierte Abschlüsse, auf die nun 157 Meter hohen Türme gesetzt, und damit war der Dom endgültig vollendet – obwohl ein Kölner Sprichwort wegen der ewigen Ausbesserungsarbeiten sagt: »Der Dom wird nie fertig.«

Der 14. August 1880 gilt als der Tag der Fertigstellung des Doms, begonnen hatte man mit dem Bau am 15. August 1248, also 632 Jahre zuvor. Man hätte ihn also gut am 15. August, dem Fest Mariä Himmelfahrt, einweihen können, denn der Gottes-

Köln wird eine moderne Großstadt: 1871–1918

Historischer Festumzug am Tag nach der Einweihung. Das Kaiserpaar steht vor dem Festpavillon auf dem heutigen Roncalli-Platz.

mutter Maria ist er auch geweiht. Aber die Hohenzollern, die sich als die Bauherren fühlten, setzten einen anderen Termin durch, den 15. Oktober, den Geburtstag von König Friedrich Wilhelm IV., dem verstorbenen Bruder des Kaisers, der 1842 den Grundstein zum Weiterbau gelegt hatte. Die Einweihung des Doms war dann auch eine eher weltliche Feier, mit Kaiser, Oberbürgermeister und hohen Delegationen aus den deutschen Ländern und Europa. Ein kleiner, aber entscheidender Schönheitsfehler war, dass der eigentliche Hausherr, der Kölner Erzbischof, an diesem Fest mitten im Kulturkampf nicht teilnehmen konnte, weil er im Exil in einem holländischen Kloster war.

Aber so oder so, jetzt stand er da, der riesige gotische Dom, überragte alles, und war schon aus der Ferne zu sehen. Er ist seitdem das weltweit bekannteste Symbol Kölns und Erkennungszeichen der Stadt. Viele Lieder zeugen davon, dass er aus den Herzen der meisten Kölner hier und anderswo nicht wegzudenken ist: »Wenn ich su an ming Heimat denke un sinn dr Dom su vür mir stonn …« oder »Mir losse dr Dom in Kölle, denn do jehürt hä hin …«.

Zu Füßen des Doms wurde es dagegen immer enger. Köln wuchs und wuchs, an Einwohnern – längst waren die Hunderttausend überschritten –, an Gebäuden, an Industrie. Für größere Industrieanlagen war in der Stadt ohnehin kein Platz. Die

> **Nikolaus August Otto (1832–1891)**
> Der Kölner Kaufmann und Erfinder hatte schon 1863 den ersten Gasmotor erfunden, der in der »Motorenfabrik Deutz«, deren Mitinhaber Otto war, serienmäßig hergestellt wurde. 1876 gelingt Otto seine bedeutendste Erfindung: Ein Viertakter-Verbrennungsmotor, der statt mit Gas mit Petroleum oder Benzin betrieben werden kann (»Otto-Motor«). Diese Erfindung machte es möglich, Motoren mobil zu nutzen, wie es bis heute zum Beispiel in Autos geschieht.

waren um die Festung Köln herum angesiedelt: Maschinenbau in Bayenthal, Farben und Lacke in Ehrenfeld (Herbrandt), dort auch Elektroindustrie (Helios). In Nippes gab es das Eisenbahnausbesserungswerk und die Gummiproduktion (Clouth) und in Mülheim das große Kabelwerk Felten & Guilleaume, wo bald mehr als sechstausend Leute arbeiteten. In Kalk war die Chemische Fabrik und die schnell wachsende Maschinenbaufirma Humboldt, schließlich in Deutz die große Waggonbaufirma und die Gasmotorenfabrik Deutz, in der »Otto-Motoren«, Viertakter, hergestellt wurden. Außerdem gab es noch viele mittlere und kleinere Betriebe.

Immer mehr Menschen zogen aus der Umgebung nach Köln. Weil es jetzt zu viele Arbeitskräfte gab und der Absatz in den siebziger und achtziger Jahren stockte, wurden in der Industrie sehr niedrige Löhne gezahlt, so dass die meisten Arbeiter an der Grenze zu Armut und Elend lebten. In der Stadt entstanden richtige Elendsviertel mit voll gestopften, heruntergekommenen Häusern, besonders zwischen Ei-

Kölner Arbeiterfamilie um die Jahrhundertwende.

Köln wird eine moderne Großstadt: 1871–1918

gelsteintor und Bahnhof und in der Altstadt. Hier fand die andere bedeutende politische Partei Kölns ihre Anhänger und Wähler, die Sozialisten der späteren SPD. Ihre Kölner Ortsgruppe, der »Sozialdemokratische Arbeiterverein«, war 1877 gegründet worden. Viele Jahre wurden die Sozialisten von der Bismarck-Regierung verboten und bildeten hinter dem katholischen Zentrum bis weit in das nächste Jahrhundert hinein die zweitstärkste Kölner Partei. Verbündet mit den Gewerkschaften setzten sie sich für die Verbesserung der Lage der Arbeiter ein. Auf diesem Gebiet waren auch kirchliche Organisationen aktiv, und schließlich reagierte auch der Staat: In den achtziger Jahren wurde im ganzen Reich die gesetzliche Alters-, die Kranken- und die Unfallversicherung eingeführt und damit die Grundlage für ein modernes Versicherungssystem gelegt.

Kleiderausgabe bei einer Fürsorgestelle.

Um aber in der dicht bevölkerten Stadt, die mehr als hundertvierzigtausend Einwohner hatte, die Lebensverhältnisse zu verbessern, musste der Mauergürtel, der wie ein zu eng gewordenes Korsett Köln einschnürte, gesprengt werden. Während sich früher das preußische Militär gegen alle Pläne zur Niederlegung der Kölner Stadtmauer gewehrt hatte, gab es im mächtigen Deutschen Reich

Fischverkäuferinnen auf dem Heumarkt, 1901.

kaum noch stichhaltige Argumente für die Stadtmauer. Außerdem war Köln für den Kriegsfall durch einen Kreis von elf Forts etwa fünfhundert Meter außerhalb der Stadtbefestigung gesichert. So durften die Kölner schließlich ihre eigene, inzwischen siebenhundert Jahre alte Stadtmauer vom Land Preußen zurückkaufen, um sie dann von Juni 1881 an Stück für Stück abzureißen. »Was unsere Vorfahren bauen mussten, damit Köln groß wurde, das müssen wir sprengen, damit Köln nicht klein werde«, sagte Oberbürgermeister Becker beim Beginn der Abrissarbeiten.

Der Abriss der mittelalterlichen Stadtmauer begann am 11. Juni 1881 am Thürmchenswall.

Das Opernhaus am Rudolfplatz.

Blick aus der Bonner Straße auf den Chlodwigplatz.

Köln wird eine moderne Großstadt: 1871–1918

Nur drei Tore – das Eigelsteintor, das Hahnentor und das Severinstor –, zwei Mauerstücke am Hansaring und am Sachsenring und einige Türme sind von der alten Mauer übrig geblieben. Jetzt konnte sich die Stadt zum ersten Mal seit Jahrhunderten ausdehnen. Ergebnis dieser Ausdehnung sind die »Ringe« und die davor liegende Neustadt. Der Stadtbaumeister Josef Stübben ließ vor der niedergelegten Mauer den Halbkreis der breiten Ringstraßen von Rheinufer zu Rheinufer anlegen, der in kurzen Abständen von Plätzen unterbrochen wurde. Entlang der Ringe mit ihren Baumreihen, Brunnen, Denkmälern und prunkvollen Plätzen reihten sich Wohngebäude, Kaufhäuser, Firmen und öffentliche Gebäude wie das Opernhaus am Rudolfplatz, das Hohenstaufenbad oder das Kunstgewerbemuseum am Hansaring. Und vor den Ringen wuchs die »Neustadt« zügig in die Höhe. Hier entstanden bis zur Jahrhundertwende die Wohnviertel des wohlhabenden Bürgertums, geprägt von großen Häusern mit geräumigen Wohnungen, Plätzen und Parkanlagen, aber sehr bald auch eng bebaut und mit dunklen Hinterhöfen, wo die Armen wohnten. Schnell wurde klar, dass diese Stadterweiterung – die vierte seit der Römerzeit – bei weitem nicht ausreichen würde.

So wurde 1888 die Stadt erneut, zum fünften Mal seit ihrer Gründung, erweitert, dieses Mal aber richtig: Der ganze Kranz der Vororte von Bayenthal und Raderthal im Süden über Zollstock und Klettenberg, Müngersdorf, Ehrenfeld und Bocklemünd im Westen, Nippes, Riehl, Niehl, Longerich und Volkhoven im Norden, dazu Deutz und Poll auf der anderen Rheinseite kamen jetzt zu Köln. Das waren teilweise Bauern- und Fischerdörfer wie Müngersdorf, Longerich, Niehl oder Poll, aber auch Industrieorte mit einigen tausend Einwohnern wie Bayenthal, die Stadt Ehrenfeld, Nippes oder Deutz. Nach dieser Stadterweiterung war Köln flächenmäßig die größte Stadt im Reich und liegt seitdem auf beiden Seiten des Rheins.

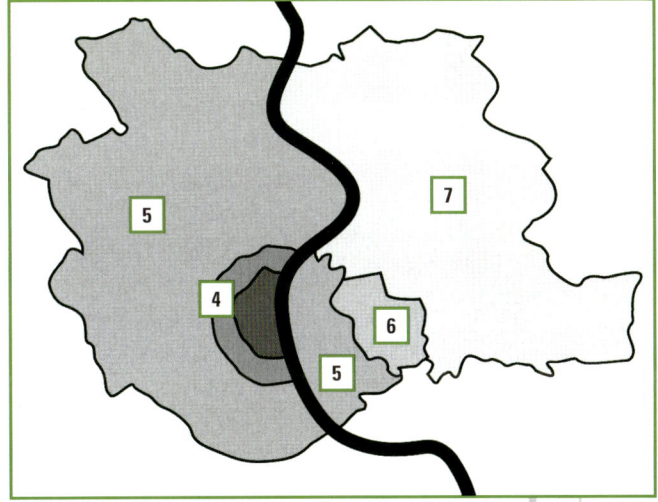

Vierte bis siebte Stadterweiterung.

Straßenbau um die Jahrhundertwende.

Ein Kölner Sonntagsvergnügen: Ausflug in den Dellbrücker Wald.

Und es ging noch weiter. 1910 kam die Industriestadt Kalk mit Vingst dazu (sechste Stadterweiterung), und 1914 wurden die Stadt Mülheim und die Bürgermeisterei Merheim, zu der Flittard, Stammheim, Dünnwald, Höhenhaus, Dellbrück, Rath und Ostheim gehörten, eingemeindet (siebte Stadterweiterung). Vor Beginn des Ersten Weltkriegs hatte die Stadt damit mehr als sechshunderttausend Einwohner. Für beide Seiten, die alte Stadt und die neu hinzugekommenen Gemeinden, ist diese Ausdehnung ein Segen gewesen. Die Vororte wurden mit der Zeit durch gute Straßen, Wasserleitungen und Elektrizität erschlossen und mit der Stadt verbunden.

Viele Kappesbauern sind über Nacht reich geworden, als ihre Äcker plötzlich wertvolles, stadtnahes Bauland wurden. Und die Stadt Köln hatte nun endlich Platz für dringend notwendige Einrichtungen und Anlagen zur Versorgung der Alt- und Neukölner wie das Elektrizitätswerk am Zugweg, das Gaswerk und den Schlachthof in Ehrenfeld, die Kläranlage in Riehl, die Krankenhäuser in der Lindenburg, aber auch für die vier großen Friedhöfe, die nach den Himmelsrichtungen benannt wurden. Außerdem war auch Platz genug für einen richtig großen Park für die gestressten Städter: den Stadtwald zwischen Braunsfeld und Lindenthal. Im Norden Kölns, im heutigen Stadtteil Weidenpesch (damals: Merheim linksrheinisch), wurde 1898 die Pferderennbahn in Betrieb genommen, Kölns älteste Großsportanlage. Rund um die Stadtgrenze legte das Militär einen neuen Ring von Forts an. Entlang der heutigen Militärringstraße sind einige dieser Forts noch erhalten.

Auch in der Innenstadt gab es so manche Veränderung: Die Geschäfts- und Ein-

Köln wird eine moderne Großstadt: 1871–1918

Pferdebahn am Rudolfplatz im Winter 1878. Gemälde von Jakob Scheiner.

Tempo im öffentlichen Personennahverkehr: die »Elektrische«.

kaufsviertel Hohe Straße, Schildergasse und am Neumarkt wuchsen weiter, nachdem die Kasernen dort abgerissen wurden, ebenso das Bankenviertel »Unter Sachsenhausen«. Das Opernhaus am Rudolfplatz, neue Kirchen in der Neustadt und die Synagoge in der Roonstraße ergänzten das Stadtbild ebenso wie die vielen rauchenden Schlote. Kurzum, Köln hatte sich in wenigen Jahrzehnten von einer mittelalterlichen Reichsstadt zu einer modernen Großstadt verändert.

Kennzeichen jeder Großstadt sind aber auch immer neue Verkehrsprobleme. In Köln hat sich im Nachhinein nicht jede Lösung dieser Probleme als glücklich oder richtig erwiesen. Die Stadt war längst keine reine Fußgängerstadt mehr: Schon seit 1874 konnten die Kölner Pferdebahnen, von Pferden gezogene Wagen auf Schienen, benutzen; sie lösten die unzähligen Pferdekutschen, auch »Droschken« genannt, ab, die die engen Straßen der Innenstadt verstopften. Aber auch diese Pferdebahnen bekamen Konkurrenz und hielten sich nicht mehr lange. Am 1. Januar 1900 wurde diese privat betriebene Bahn von der Stadt gekauft und nach und nach durch elektrische Bahnen ersetzt. Die letzte Pferdebahn ist 1907 durch Köln gerollt. Bis zum Ersten Weltkrieg waren dann die meisten Vororte durch Schienen mit der Stadt verbunden. Da fuhren allerdings auch schon die ersten Autos durch Köln, die schon bald für weitere Probleme sorgen sollten.

Auch der dampfbetriebene Verkehr, die Eisenbahnen von und nach Köln, muss-

Die Hängebrücke, eine weitere Bereicherung des Stadtbilds.

te neu organisiert werden. Die Erweiterung Kölns ermöglichte es, Bahndämme anzulegen, auf denen die Züge kreuzungsfrei verkehrten. Der bisherige Zentralbahnhof war längst zu klein geworden und 1894 durch den Hauptbahnhof ersetzt worden. Die 255 Meter lange und 24 Meter hohe Stahl- und Glaskonstruktion der Bahnhofshalle war damals die größte in Deutschland. Die auf den Bahnhof zuführende Gitterbrücke, die »Mausefalle«, war dem Verkehr ebenfalls nicht mehr gewachsen und wurde durch die 1911 eingeweihte Hohenzollernbrücke ersetzt. Fast gleichzeitig war für den Eisenbahnverkehr eine zweite Brücke, die Südbrücke, gebaut worden. Als erste Straßenbrücke folgte 1915 die Hängebrücke, an deren Stelle heute die Deutzer Brücke steht.

Aber nicht nur auf den Schienen, auch auf dem Rhein dampfte es rund um die Uhr. Größtes Problem war hier das Fehlen moderner Hafenanlagen. Also hat man die lang gestreckte schmale Insel vor der südlichen Stadthälfte, das »Werthchen«, mit dem Land verbunden, den Rheinarm vertieft und in Kaimauern gefasst. Das ergab dann den 1898 fertig gestellten Rheinauhafen. Ein einziger Hafen war aber für

Im Schatten des Doms entsteht ein weiteres Großbauwerk: der Hauptbahnhof im Bau.

Die Hohenzollernbrücke, wie ihre Vorgängerin mit einem Straßen- und einem Gleistrakt.

Kaiserparade auf dem Neumarkt 1905.

den Handel und die schnell wachsende Industrie nicht genug. In den Rheinarm vor Deutz wurde mit dem Deutzer Hafen direkt gegenüber dem Rheinauhafen ein zweiter gebaut, und durch die Eingemeindung Mülheims kam 1914 ein dritter dazu. Auch als Hafenstadt war Köln damit konkurrenzfähig und auf der Höhe der Zeit.

In den Jahrzehnten vor dem Ersten Weltkrieg wurde Köln zu dem, was es auch heute noch (welt-)berühmt macht: eine Stadt der Museen. Das Wallraf-Richartz-Museum, das Völkerkunde-Museum am Ubierring, das Schnütgen-Museum, in dem kirchliche Kunst ausgestellt wird, das Ostasiatische Museum und das Stadtmuseum waren weit über Köln, ja über Deutschland hinaus bekannt. Damit reihte sich Köln in die Reihe vieler deutscher und europäischer Orte, die zwischen 1870 und 1914 einen vergleichbaren Aufschwung erlebten.

Doch auf dieses Hoch folgte, wie so oft in der Geschichte der Stadt, unweigerlich ein herber Rückschlag. Dieses Mal war es der Erste Weltkrieg. Seinen Beginn haben die Menschen im August 1914 noch bejubelt: in Wien und Berlin, in Paris und St. Petersburg. Und auch in Köln war die Stimmung rosenmontagsähnlich, als die Nachricht eintraf, dass Deutschland und Österreich-Ungarn sich im Krieg mit England, Frankreich und Russland befinden. Wie es zu diesem Krieg gekommen war und zu dieser Kriegsbegeisterung? Nun, die Beziehungen Deutschlands zu den anderen europäischen Großmächten außer Österreich hatten sich seit der Entlassung Bismarcks 1890 ständig verschlechtert. Daran war vor allem die ungeschickte Außenpolitik des Reiches und das aggressive Auftreten des Kaisers Wilhelm II. schuld. Überall wollte Deutschland mitreden, besonders bei der Aufteilung der Welt in Ko-

Köln wird eine moderne Großstadt: 1871–1918

lonien und Interessengebiete. Auf niemanden glaubte die kaiserliche Regierung Rücksicht nehmen zu müssen, und militärisch hielt man sich sogar für unbesiegbar. Die Rüstung lief auf vollen Touren, und im Bau von Kriegsschiffen ließ man sich auf ein teures Wettrennen mit England ein. So war es kein Wunder, dass Deutschland mit seinem Partner Österreich-Ungarn isoliert dastand, umgeben von den miteinander verbündeten Staaten England, Frankreich und Russland. Mehrfach stand Europa schon vor dem Ausbruch eines großen Krieges, und der Umgangston wurde immer gereizter und feindseliger. Die deutschnationale Stimmung ließ auch viele Kölner jubeln und marschieren, zum Beispiel wenn der Kaiser Geburtstag feierte, erst recht aber, wenn er höchstpersönlich zu Besuch in Köln war. Oder wenn am so genannten »Sedanstag«, dem 2. September, der Sieg über die Franzosen bei Sedan im Jahre 1870 gefeiert wurde. Als sich im Juli 1914 die politische Krise zwischen Österreich und Serbien nach der Ermordung des österreichischen Thronfolgers in Sarajevo zum Krieg entwickelte, begrüßten ihn viele Europäer wie ein reinigendes Gewitter nach einem schwülen Sommertag. Sie konnten nicht ahnen, was dieser Krieg, der länger als vier Jahre dauerte, bringen sollte. Im Gegenteil, sie gingen von einem kurzen, natürlich siegreichen Feldzug aus. Nur die Sozialdemokraten hatten in Köln gegen diesen Krieg demonstriert, als er da war, stimmten sie ihm aber doch zu. Bald war die Stadt voller Soldaten, die aus allen Teilen des Reiches hier ankamen, um dann weiter an die Fronten in Belgien und Frankreich befördert zu werden. Allein in den zwei Wochen zwischen dem 2. und 17. August rollten 2150 Züge, jeder 54 Waggons lang, über die Hohenzollernbrücke.

Eine fahrbare Küche, so genannte Gulaschkanone, im Steckrübenwinter.

Köln wird eine moderne Großstadt: 1871–1918

Weit vor Paris wurde die deutsche Offensive gestoppt. Die deutschen Truppen auf der einen Seite, die französischen und britischen auf der anderen Seite gruben sich in Stellungen und Schützengräben ein. Trotz mörderischer Schlachten, die Millionen Menschenleben kosteten, kam der Krieg nicht mehr von der Stelle, und die Kriegsbegeisterung ließ nach. In Köln wurden große Lazarette für die Verwundeten von der Westfront eingerichtet, in denen überwiegend Frauen arbeiteten. Aber nicht nur dort. Sie mussten auch in Fabriken oder bei der Bahn die schweren Arbeiten der Männer übernehmen. Der Krieg brachte auch Lebensmittelknappheit und Hunger, unter denen besonders die Bewohner der Städte zu leiden hatten. Die Versorgung der Soldaten hatte Vorrang, und die Engländer blockierten die deutschen Seehäfen, so dass nichts mehr importiert werden konnte. Bereits 1915 wurden Brot und andere Lebensmittel nur noch auf Karten zugeteilt. Ganz schlimm wurde es im Winter 1917, dem so genannten »Steckrübenwinter«, als es kaum noch etwas anderes zu essen gab als Rüben. Die Stadtverwaltung richtete fahrbare Küchen ein, bei denen man für ein paar Groschen einen dünnen Eintopf bekommen konnte. Ständig wurde gesammelt: Gold, Geld, Rohstoffe, Metallwaren aller Art, unter anderem Kirchenglocken, um weiter Krieg führen zu können.

Die Kölner Bevölkerung hat diese schwere Zeit trotz aller Erschöpfung und Kriegsmüdigkeit geduldig ertragen. Erst im Frühjahr 1917 ist es zu einigen Streiks und Hungerdemonstrationen gekommen. Das lag auch daran, dass im Stadtrat und in der Stadtverwaltung die Zentrumspartei unter Oberbürgermeister Konrad Adenauer eng mit den Sozialdemokraten und den Gewerkschaften zusammenarbeitete, um die Versorgung der Großstadt so gut es ging zu sichern. Konrad Adenauer war schon seit 1906 als Beigeordneter der Stadt für Marktverwaltung zuständig und hat sich im Krieg bei der Versorgung der Bevölkerung mit Lebensmitteln große Verdienste erworben. Am 18. September 1917 wurde er als 41Jähriger zum Oberbürgermeister gewählt und damit zum Nachfolger von Max Wallraf.

Viele Menschen waren auch im vierten Kriegsjahr noch fest vom Sieg überzeugt, die deutschen Heere standen schließlich tief in Frankreich, und Russland hatte im Herbst 1917 kapituliert. Umso enttäuschter, ja geschockter waren sie, als im Spätsommer 1918 die Front nicht mehr hielt und die Feldherrn den Krieg für verloren erklärten. Die Enttäuschung, die Wut und die große Unzufriedenheit führten zum Zusammenbruch der alten Ordnung, zur Revolution: In den Kriegshäfen meuterten die Matrosen, ihnen schlossen sich Arbeiter und Soldaten im ganzen Reich an. Der Kaiser und seine Regierung wurden zum Rücktritt gezwungen, und Deutschland wurde eine Republik. Das war am 9. November 1918.

Revolutionsaufruf aus Köln.

Wilhelm Sollmann, 1881–1951, Kölner SPD-Reichstagsabgeordneter und Minister 1923, Chefredakteur der »Rheinischen Zeitung«.

Auch in Köln hatte sich ein Arbeiter- und Soldatenrat gebildet, der aber gemäßigt war und von den Kölner Sozialdemokraten unter der Führung von Wilhelm Sollmann dirigiert wurde.

Er tagte im Rathaus, beschäftigte sich hauptsächlich mit der Betreuung der rückkehrenden Soldaten und verlor rasch an Bedeutung. In den folgenden Wochen strömten wieder hunderttausende Soldaten, dieses Mal der geschlagenen deutschen Armee, über Köln zurück in ihre Heimat. Am 6. Dezember folgten ihnen dann fünfzigtausend britische Soldaten, die die Stadt und das linke Rheinufer besetzten und bis 1926 blieben. Viele öffentliche Gebäude, Schulen und Hotels mussten geräumt werden, um sie einzuquartieren. Mit dem Ende des Krieges waren die Belastungen für die Bürger also keineswegs vorbei, es kamen vielmehr weitere hinzu – hinzu auch zu der Trauer um die mehr als fünfzehntausend Kölner, die im Krieg gefallen waren. Trotz einiger Luftangriffe auf Köln war die Stadt wenigstens äußerlich unzerstört geblieben.

Noch eine Umstellung: englische statt deutsche Zeit.

Britische Panzer vor dem Dom, Dezember 1918.

Köln wird eine moderne Großstadt: 1871–1918

Zum Ansehen Viele der erwähnten Gebäude gibt es noch oder sind wieder aufgebaut:

– natürlich der Dom, die Bahnhofshalle, die Hohenzollernbrücke, das alte Elektrizitätswerk am Zugweg, die Häfen, die Pferderennbahn, um nur einige zu nennen,

– die nicht mehr ganz so prächtigen Ringe und ihre Plätze und die davor liegende Neustadt, zum Beispiel die Südstadt oder das Belgische Viertel,

– der Stadtwald und die preußischen Forts am Militärring.

Die Zeit der Pferdebahn und die Entwicklung der Straßenbahn wird im Straßenbahnmuseum in Thielenbruch gezeigt.

Besonders eindrucksvoll sind im Kölnischen Stadtmuseum die beiden nebeneinander hängenden »Scheiner-Aquarelle«. Auf ihnen hat der Maler Jakob Scheiner zweimal Köln aus der Vogelperspektive dargestellt, einmal 1886 und einmal 1896, und dadurch das schnelle Wachstum Kölns in diesen Jahren veranschaulicht.

Zum Weiterlesen Ute Grefe: Köln in frühen Photographien 1847–1914. München 1988

Adolf Klein: Köln im 19. Jahrhundert. Von der Reichsstadt zur Großstadt. Köln 1992

Rudolf Schmidt: »Fupp, do kütt se öm de Eck!« Mit der Elektrischen durch das Köln der Jahrhundertwende. Köln 1999

Uwe Westfehling: Köln um die Jahrhundertwende in Bildern von Jakob und Wilhelm Scheiner. Köln 1979

Köln in der Weimarer Republik

Die Weimarer Republik – Konrad Adenauer – Universitätsstadt Köln – Die Umgestaltung der Großstadt – Siedlungsbau – Inflation und Separationsversuche – Messestadt Köln – Weltwirtschaftskrise und Arbeitslosigkeit – Radikalisierung rechts und links – Die Machtübernahme durch die NSDAP

9

Nach dem Rücktritt der Regierung und der Flucht des Kaisers ins holländische Exil kämpften die Parteien wie die SPD, das Zentrum und die Liberalen mit den Revolutionären um die Macht. Unterstützt von der Armee und dem kaiserlichen Beamtenapparat setzten sich die Parteien durch und ließen eine Nationalversammlung, den Reichstag, wählen. Nach diesen Wahlen bildeten SPD, Zentrum und Liberale die erste demokratische deutsche Regierung. Weil die Nationalversammlung wegen der politischen Unruhen in Berlin in das thüringische Städtchen Weimar ausgewichen war, nannte man den nun gegründeten Staat die »Weimarer Republik«. Zum ersten Mal ein demokratischer Staat in Deutschland: Auf allen Ebenen gab es jetzt das gleiche Wahlrecht für Männer und Frauen. Das vom Volk gewählte Parlament, der Reichstag, kontrollierte die Regierung und konnte sie abwählen. Der Reichspräsident an der Spitze dieses Staates wurde direkt vom Volk gewählt. Der erste war Friedrich Ebert von der SPD.

Aber diese Demokratie hatte von Anfang an schlechte Karten. Zu viele Menschen wollten sie gar nicht, für zu viele war sie gleichbedeutend mit der Niederlage im Krieg. Und so setzten sie alles daran, die Weimarer Republik scheitern zu lassen. Außerdem hatte die erste gewählte Regierung Deutschlands die undankbare Aufgabe, mit den Siegermächten des Ersten Weltkriegs Frieden zu schließen. Vor allem Frankreich bestand auf einer harten Bestrafung Deutschlands und setzte sich damit 1919 im Friedensvertrag von Versailles durch: Deutschland sollte mehrere hundert Milliarden Mark als Entschädigung für die Zerstörungen in Frankreich und Belgien zahlen. Im Westen, Norden und Osten wurden Gebiete vom Reich abgetrennt und kamen an die Nachbarländer. Armee und Flotte wurden stark verkleinert, bis fünfzig Kilometer östlich des Rheines durfte kein deutsches Militär stationiert werden. Und der Regierung blieb keine andere Wahl, als diesen harten Vertrag zu unterzeichnen, sonst wären die Franzosen und Engländer wohl in ganz Deutschland einmarschiert. Dennoch sind die deutschen Unterzeichner des Versailler Vertrages heftig angefeindet, als Verräter beschimpft und schließlich von rechtsradikalen Attentätern ermordet worden.

Köln in der Weimarer Republik

Konrad Adenauer, 1876–1967, Kölner Oberbürgermeister 1917–1933 und 1945.

In Köln blieb der 1876 geborene, mit zweiundvierzig Jahren also noch relativ junge Zentrumspolitiker Konrad Adenauer Oberbürgermeister. Als er 1933 von den Nationalsozialisten aus dem Amt gedrängt wurde, hat er sechzehn Jahre ununterbrochen an der Spitze der Stadt gestanden. Mit seinem Namen sind alle großen Projekte im Köln der zwanziger Jahre verbunden. Dazu zählte auch die Neugründung der Kölner Universität. Die alte, im Jahr 1388 gegründete war von den Franzosen geschlossen worden, und die Preußen hatten zum Leidwesen der Kölner eine neue Hochschule in Bonn eingerichtet. Die Stadt Köln hatte als Ersatz 1901 eine Handelshochschule eröffnet, die am zunächst am Hansaring untergebracht war. Heute befindet sich in diesem Gebäude das Hansa-Gymnasium. 1907 war diese Handelshochschule in die Claudiusstraße im Süden der Stadt , wo sich heute die Fachhochschule befindet, umgezogen. Hier fand die am 20. Juni 1919 wieder gegründete Kölner Universität ihren Platz, bis sie in die zwischen 1929 und 1934 fertig gestellten Gebäude an der Universitätsstraße im Inneren Grüngürtel umzog. Sehr rasch hat sich die Kölner Uni zu einer der größten in Deutschland entwickelt.

Ins Gebäude der Handelshochschule zwischen dem Agrippina-Ufer und der Claudiusstraße zieht die wieder gegründete Kölner Universität.

Die Stadionanlagen im Äußeren Grüngürtel (1928).

Trotz der schwierigen politischen und oft verzweifelten wirtschaftlichen Lage in der Zeit nach dem Ersten Weltkrieg haben Oberbürgermeister, Stadtrat und Stadtverwaltung viel getan, um Köln weiter voranzubringen. Die nach dem Friedensvertrag völlig geräumten militärischen Anlagen wurden zu einem Inneren und einem Äußeren Grüngürtel rund um die linksrheinische Stadthälfte umgestaltet. Der sieben Kilometer lange Innere Grüngürtel und die Parklandschaften des Äußeren Grüngürtels, dreißig Kilometer lang, sorgen dafür, dass Köln heute noch eine ziemlich grüne Stadt ist. Teil des Äußeren Grüngürtels sind die Anfang der zwanziger Jahre gebauten Stadionanlagen bei Müngersdorf mit Sportplätzen für Leichtathletik, Fußball, Hockey, Radrennen, Schwimmen und Reiten. Hier fanden schon bald deutsche Meisterschaften und internationale Wettkämpfe statt. Die Gestaltung dieser riesigen Grünanlagen, entworfen von Stadtbaumeister Fritz Schumacher und politisch durchgesetzt von Adenauer, war gleichzeitig eine groß angelegte Arbeitsbeschaffungsmaßnahme in einer Zeit hoher Arbeitslosigkeit.

Genauso zügig und konsequent wurde 1922 eine weitere, die nunmehr achte Stadterweiterung vorgenommen, bei der im Norden Kölns die Bürgermeisterei Worringen mit den Dörfern Weiler, Fühlingen, Roggendorf, Thenhoven, Langel, Rheinkassel und Merkenich Stadtgebiet wurden. Hier draußen sollte ein neues Industriegebiet entstehen, in dessen Nähe der größte Kölner Hafen in Niehl gebaut wurde. Auch bei diesem Projekt fanden tausende Arbeitslose eine Beschäftigung.

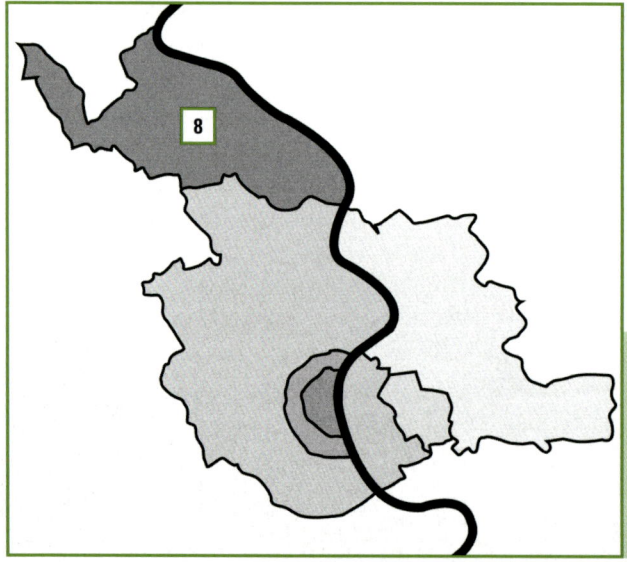

8 Achte Stadterweiterung. Bei der Stadterweiterung 1922 dehnt sich Köln weit nach Norden aus.

Köln in der Weimarer Republik

Inflationsgeld, auch »Notgeld« genannt, von der Stadt Köln herausgegeben.

Die hohe Arbeitslosigkeit und die Armut vieler Menschen in Köln wurde dadurch aber nur wenig gemildert. Zusätzlich verschärfte sich die Not in ganz Deutschland durch eine galoppierende Inflation. Schon während der Kriegsjahre, besonders aber in der Nachkriegszeit hatten die jeweiligen Regierungen immer neues Geld drucken lassen. Die Folge war, dass das Geld immer weniger wert war und die Preise dramatisch stiegen. 1923 geriet die Situation völlig außer Kontrolle. Immer neues Geld, das kaum noch einen Wert hatte, wurde gedruckt. So kostete im November 1923 eine Straßenbahnfahrt in Köln zwanzig Milliarden Mark. Wenn man Geld hatte, Millionen- oder Milliardenmarkscheine, musste man es sofort ausgeben, weil es innerhalb von Stunden seinen gesamten Wert verlor. Als das alte Geld schließlich aus dem Verkehr gezogen und im Januar 1924 eine neue Währung eingeführt wurde, verloren gerade die kleinen Leute, die von ihrem Ersparten lebten, alles.

Noch vor dem Krieg hatte die Stadt begonnen, gegen die auch damals schon herrschende Wohnungsnot vorzugehen. In den zwanziger Jahren wurde das dringender denn je. Auf städtischem Grund bauten verschiedene Genossenschaften Siedlungen, teils mit Einfamilienhäusern, teils mit größeren Mietshäusern, zum Bei-

Ein schönes Beispiel für den kommunalen Wohnungsbau der 20er Jahre: die Siedlung Mauenheim.

Die Stadt Köln bekommt mit den Messehallen ein
weiteres Zentrum, diesmal auf der anderen Rheinseite.
Hier das am Rhein gelegene »Staatenhaus«.

spiel in Zollstock und Ehrenfeld, im Bilderstöckchen, in Mauenheim, Höhenberg und Buchforst. Eigene Stadtteile, wie später Vogelsang, sind aus diesen Siedlungen entstanden, in denen man relativ preiswert bauen und wohnen konnte. Der Wohnungsmangel wurde durch diese Initiativen nur gemildert, nicht aber behoben.

Ein weiteres Großprojekt der Adenauerzeit war es, Köln wieder zu einer Messestadt zu machen. Auf dem Messegelände in Deutz, direkt gegenüber der Innenstadt, baute die Stadt ab 1922 die Messehallen und den fünfundachtzig Meter hohen Messeturm. 1924 sind sie eingeweiht worden, und seitdem finden in Köln regelmäßig bedeutende Verkaufsausstellungen statt wie die Nahrungs- und Genussmittelmesse ANUGA, die Möbelmesse, seit 1950 die Internationale Photo- und Kino-Ausstellung »Photokina« und viele andere mehr. Durch die Kölner Messe hat die Stadt an ihre alte, internationale Bedeutung als Handelszentrum anknüpfen können. Ein Höhepunkt der ersten Jahre der Messe war 1928 die »Pressa«, eine Weltausstellung des Druck- und Pressewesens.

So bestand trotz politischer und wirtschaftlicher Krisen auch Anlass zu Optimismus und Lebensfreude: 1926 räumte die englische Besatzungsmacht Köln und das Rheinland. Der bisherige englische Militärflughafen Butzweiler Hof bei Longerich wurde nun zu einem der damals größten Zivilflughäfen in Deutschland umgestaltet. Er verstärkte ebenso wie die 1929 begonnene und 1932 fertig gestellte Autobahn Köln–Bonn die Bedeutung Kölns als Verkehrsknotenpunkt im Westen. 1929 wurde auch die Mülheimer Brücke fertig, die damals die größte Hängebrücke Euro-

Sternfahrt zur Eröffnung
der Fordwerke 1931.

»Ganz Köln« feiert am 1. Februar 1926 den
Abzug der britischen Besatzungstruppen.

pas war. Der Westdeutsche Rundfunk (WDR) siedelte von Münster nach Köln um, und aus Berlin kam 1930 die Firma »Ford Motor Company« an den Rhein und baute ihre Fabrikhallen am Rhein zwischen Niehl und Merkenich. Ford ist bis heute der größte Arbeitgeber Kölns. 1927 zog zum ersten Mal seit 1914 wieder der Rosenmontagszug durch Köln. In den zwölf Jahren davor war er wegen Krieg und Krisen immer wieder abgesagt worden. Und der noch junge Sport fand in Köln ein begeistertes Publikum. Mehr noch als Fußball waren Boxen und Radrennen in Köln die populärsten Sportarten, in denen auch Kölner Sportler zur nationalen und internationalen Spitze zählten. 1927 wurden die Rad-Weltmeisterschaften in Köln ausgetragen, im selben Jahr fand zum ersten Mal ein Fußball-Länderspiel im Müngersdorfer Stadion statt – gegen Holland (2:2). 1931 gewann die Kölnerin Cilly Außem als erste Deutsche das Tennisturnier in Wimbledon. Die Stadt bewarb sich 1930 sogar um die Olympischen Spiele 1936, aber das Nationale Olympische Komitee zog Berlin vor, wo die Spiele dann auch stattfanden.

  Es hätte vielleicht wieder gut werden können. Das ganze Land, besonders aber die Stadt Köln schienen sich in der zweiten Hälfte der zwanziger Jahre vom Krieg, der Niederlage und ihren Folgen zu erholen. Aber dann griff 1929 von Amerika aus

Köln in der Weimarer Republik

die Weltwirtschaftskrise auf Europa und Deutschland über, und diese neue Krise überforderte die junge, ungefestigte Republik völlig. So viele Firmen gingen bankrott oder entließen Arbeiter und Angestellte, dass im Sommer 1932 jeder dritte Kölner zwischen fünfzehn und fünfundsechzig Jahren arbeitslos war. In ganz Deutschland waren es mehr als sechs Millionen, das heißt dreißig Prozent der erwerbstätigen Bevölkerung. Die vielen Arbeitslosen und ihre Familien gerieten in äußerste Not, denn die Unterstützung durch die Arbeitslosenversicherung und die Wohlfahrt reichten zum Leben nicht aus. Tiefe Verzweiflung und Angst erfasste die Menschen. Auch diejenigen, die noch Arbeit hatten, gerieten durch Kurzarbeit und Lohnkürzungen in Bedrängnis. 1932 suchten allein in Köln hundertneuntausend Menschen Arbeit, im Winter 1932/33 waren zweihundertdreißigtausend Menschen, mehr als ein Drittel aller Kölner, auf öffentliche Hilfe angewiesen. Wieder wurde in Köln gehungert, und die Möglichkeiten der Stadt, wirksame Hilfe zu leisten, waren begrenzt, denn die Stadt war selbst bankrott.

Reichstagswahlen vom 14. September 1930	Sitze	%
Kommunistische Partei (KPD)	77	13,1
Sozialdemokratische Partei (SPD)	143	24,5
Deutsche Demokratische Partei (DDP)	20	3,7
Zentrum	68	11,7
Bayerische Volkspartei (BVP)	19	3,0
Deutsche Volkspartei (DVP)	30	4,5
Deutschnationale Volkspartei (DNVP)	41	7,0
Nationalsozialistische Deutsche Arbeiterpartei (NSDAP)	107	18,3
Deutsches Landvolk	19	3,1
Deutsche Bauernpartei	6	0,8
Landbund	3	0,5
Wirtschaftspartei	23	3,9
Deutsch-Hannoversche Partei	3	0,4
Andere Parteien (mit je einem Sitz im Reichstag)	18	5,5

So zersplittert war die Parteienlandschaft in der Weimarer Republik, in der es auch keine 5%-Hürde gab. Etwa 30 Parteien bevölkerten den Reichstag. Entsprechend schwierig war es, eine Regierung mit einer stabilen Mehrheit zu bilden.

Arbeitslose am Arbeitsamt Badstraße (heute Schaevenstraße).

Die Weltwirtschaftskrise und die Verzweiflung der Menschen nutzten jetzt jene Parteien und Gruppen aus, die die Weimarer Republik ablehnten und abschaffen wollten. Dazu gehörten vor allem die Nationalsozialistische Deutsche Arbeiterpartei (NSDAP) und die Kommunistische Partei Deutschlands (KPD). Die Kommunisten arbeiteten auf den Zerfall des gesamten kapitalistischen Systems und eine weitere Revolution hin, die die Arbeiterklasse an die Macht bringen sollte. Die Nationalsozialisten aber hassten die Republik und die Demokratie aus ganzem Herzen, waren auf Revanche für den Weltkrieg aus und stellten die Juden als die Schuldigen an Niederlage und Niedergang Deutschlands hin. Sie wollten eine Diktatur mit einem starken Mann an der Spitze: ihrem »Führer« Adolf Hitler. Im Verlauf der Wirtschaftskrise, also ab 1930, nahmen beide Parteien bei Wahlen stark zu, die NSDAP entwickelte sich zwischen 1928 und 1932 von einer Splitterpartei mit 2,6 Prozent der Wählerstimmen zur stärksten Fraktion im Reichstag mit 37,3 Prozent. Beide Parteien traten aber weniger im Parlament als auf der Straße in Erscheinung. Mit ständigem Marschieren in Uniform, dem Stören von politischen Veranstaltungen anderer Parteien bis hin zu blutigen Saalschlachten und Überfällen auf Parteibüros und Mitglieder der jeweils anderen Partei versuchten die so genannte Sturmabteilung (SA) der NSDAP und der Rotfrontkämpferbund der KPD das Volk zu beeindrucken und die Gegner einzuschüchtern. Der Wahlkampf vor der Reichstagswahl im Juli 1932 war der blutigste der deutschen Geschichte, auch in Köln hatte es Tote und Verletzte gegeben. Vor allem ein Ereignis sorgte im April 1932 für Aufsehen: Der Kölner nationalsozialistische Reichstagsabgeordnete und Herausgeber der Nazi-Zeitung »Westdeutscher Beobachter« Robert Ley zerschlug in einer Gaststätte dem Kölner Polizeipräsidenten eine volle Weinflasche auf dem Kopf.

Köln in der Weimarer Republik

Hitler auf einer Kundgebung in der Messehalle am 26. Oktober 1933.

Die Republik war in diesen Jahren eigentlich gar keine Demokratie mehr, denn die Kanzler hatten keine Mehrheit im Reichstag, sondern regierten seit 1930 mit Sondervollmachten des Reichspräsidenten von Hindenburg. Diese »Präsidialdiktatur« kam einer echten Diktatur schon ziemlich nahe. Und die Diktatur kam auch immer näher. Die Parteien, die die Republik geformt und getragen hatten, verloren bei den Wahlen immer mehr Stimmen. Nur das Zentrum konnte sich seiner katholischen Wähler noch sicher sein und seinen Stimmenanteil in etwa halten. Aber auch im katholischen Rheinland und in Köln haben die Nationalsozialisten bis zu den letzten freien Wahlen 1932 dazugewonnen.

Die Legende, in Köln hätten die Nationalsozialisten keinen Erfolg gehabt, stimmt nicht. Mehrfach ist Adolf Hitler bei großen Wahlveranstaltungen in der Rheinlandhalle in Ehrenfeld oder in der Messe aufgetreten und von seinen Anhängern begeistert gefeiert worden. Auch als Reichskanzler hat er später Köln noch öfter und, wie er selbst betont hat, gern besucht. Beim Reichspräsidenten und seinen Beratern setzte sich bald die Meinung durch, man müsse die Nationalsozialisten unter Aufsicht an die Macht lassen, um sie zu bändigen, zu zähmen. Als die entschiedensten Gegner der Kommunisten waren sie bei ihnen durchaus gern gesehen und gefragt. Am 4. Januar 1933 fiel der Stadt Köln eine eher unfreiwillige Rolle bei Hitlers Machtübernahme zu: Im Haus des Kölner Bankiers von Schröder am Stadtwaldgürtel 35 trafen sich heimlich Adolf Hitler und der frühere Reichskanzler Franz von Papen, der Vertraute des Reichspräsidenten Hindenburg, um die Bedingungen für eine Ernennung Hitlers zum Reichskanzler zu besprechen.

Köln in der Weimarer Republik

Schon 1928 hetzten die Nationalsozialisten offen gegen Juden. Diese Parolen und die Fahnen an der Front eines Hauses am Hohenzollernring ließ die Stadtverwaltung nach einem Tag entfernen.

Am 30. Januar 1933 wurde Hitler schließlich vom Reichspräsidenten zum Kanzler ernannt. Am Tag danach haben die Kölner Nationalsozialisten die Übernahme der Macht mit einer Großveranstaltung in der Messe und einem anschließenden Fackelzug durch die Innenstadt lautstark gefeiert. Ihre Gegner – Kommunisten, Demokraten aus verschiedenen Parteien, Juden und andere mehr – waren zwar besorgt, aber nicht mutlos. Denn noch schien die Herrschaft der neuen Regierung begrenzt durch den Reichspräsidenten, den Reichstag und die Reichswehr. Dass die kommenden Jahre aber das schwärzeste, schrecklichste Kapitel in der Geschichte der Stadt bilden würden, haben selbst die größten Pessimisten nicht für möglich gehalten. Und falls doch, hat ihnen niemand geglaubt.

Zum Ansehen Das Messegelände in Deutz.

Die alte Universität, heute Fachhochschule, in der Claudiusstraße und die neue Universität an der Universitätsstraße.

Die Mülheimer Brücke.

Der Innere und der Äußere Grüngürtel mit Stadionanlagen, Jahnwiese und Adenauer Weiher.

Zum Weiterlesen Engelbert Hommel: Der Kölner Konrad Adenauer. Köln 1989

10 Köln im Nationalsozialismus

Die Machtergreifung 1933 im Reich und in Köln – Antisemitismus – Verfolgung Andersdenkender – Der Kampf gegen die Kirche – Die Besetzung des Rheinlandes – Die »Reichskristallnacht« – Köln im Krieg – Deportationen – Widerstand – Der Einmarsch der Amerikaner

Das »Dritte Reich« haben die Nationalsozialisten ihren Staat genannt, nach dem mittelalterlichen Kaiserreich und dem preußisch-deutschen Reich von 1871–1918 nun also das dritte, das mindestens tausend Jahre dauern sollte, doch es wurden dann nur zwölf Jahre.

Der NSDAP war es während der Weltwirtschaftskrise immer mehr gelungen, eine Art letzte Hoffnung der vielen Verzweifelten zu werden. Sie versprachen, dass alles besser werden würde, wenn Hitler einmal an der Macht wäre, und dass Deutschland wieder eine Großmacht sein würde. Sie glaubten an die Überlegenheit einer »arisch-germanischen Rasse« und hatten einen Alleinschuldigen für alles Elend in Deutschland gefunden: die Juden und ihre angeblichen Komplizen in der Weimarer Demokratie.

Mit dieser finsteren Verschwörungstheorie und ihren leeren Versprechungen, aber auch mit dem rabiaten Auftreten ihrer Anführer und ihrer Prügeltruppe, der SA, war die NSDAP stärkste Partei im Reichstag geworden. Nach seiner Ernennung zum Reichskanzler setzte Hitler sofortige Neuwahlen durch, die dritten Reichstagswahlen innerhalb von acht Monaten, in der Hoffnung, die absolute Mehrheit im Reichstag zu bekommen und damit seine Macht zu festigen.

Wieder also fand ein Wahlkampf statt – dieses Mal mit dem Unterschied, dass ihn die NSDAP mit der Staatsmacht im Rücken führen konnte. Die Polizei unterstand jetzt dem Nationalsozialisten Hermann Göring, und die SA wurde zur Hilfspolizei ernannt. Man kann sich leicht vorstellen, wie ungleich der Wahlkampf im Februar 1933 gewesen ist. Die Zeitungen der Kommunisten und der Sozialdemokraten, in Köln waren das die »Sozialistische Republik« und die »Rheinische Zeitung«, wurden erst vorübergehend, dann endgültig verboten, schließlich wurden alle kommunistischen Kandidaten und Funktionäre, sofern sie nicht rechtzeitig geflohen waren, von der SA verhaftet und gefoltert. In ihren Veranstaltungen stellten sich die Nazis aber als Retter Deutschlands dar.

Als am 19. Februar 1933 Hitler wieder nach Köln kam, weigerte sich Oberbürgermeister Konrad Adenauer, den Wahlkämpfer Hitler zu empfangen, und ließ die Hakenkreuzfahnen, die seine Anhänger auf der Deutzer Brücke aufgehängt hatten, entfernen. Das brachte ihm den Hass der Nationalsozialisten ein. Die NSDAP konnte die Reichstagswahl am 5. März gewinnen, verpasste aber mit 43,9 Prozent der Stimmen die absolute Mehrheit. In Köln bekam sie 33,1 Prozent und war auch hier noch vor dem Zentrum die stärkste Partei.

Nach der Wahl ließen die Nationalsozialisten die Maske endgültig fallen. Immer mehr Gegner wurden bedroht, schikaniert, verhaftet, gefoltert und manchmal, angeblich auf der Flucht, erschossen.

Köln im Nationalsozialismus

Die ersten Verbote von Kölner Zeitungen nach der Machtübernahme Hitlers.

So wurde in Köln der SPD-Vorsitzende und Reichstagsabgeordnete Wilhelm Sollmann, der von der SA in seinem Haus überfallen worden war, in der Parteizentrale der NSDAP in der Mozartstraße brutal gefoltert und schließlich ins Gefängnis »Klingelpütz« gebracht. Dabei hatte er noch Glück, dass er schon nach einem Tag in ein normales Gefängnis kam und nicht wie Tausende andere wochenlang in Privatgefängnissen der SA gequält wurde.

Solche gab es an einigen Stellen in Köln, zum Beispiel in den Riehler Heimstätten, in der Gauleitung in der Mozartstraße, im Keller des Polizeipräsidiums und am Bonner Wall auf dem Gelände eines preußischen Forts. Die dort eingelieferten Gefangenen kamen oft einige Wochen später in die neuen Konzentrationslager in Börgermoor und Esterwegen im Emsland.

Am 13. März rissen die Nationalsozialisten in Köln die Macht gewaltsam an sich – die Kommunalwahlen tags zuvor hatten sie nämlich nicht gewinnen können. Sie stürmten das Rathaus, der NS-Gauleiter Grohé erklärte Adenauer für abgesetzt und ernannte einen Parteigenossen zum Oberbürgermeister. Adenauer war gewarnt worden und hatte Köln rechtzeitig verlassen.

Nach der ersten Sitzung des neu gewählten Stadtrates am 30. März wurden bis auf zwei Ausnahmen, eine Frau und ein Kriegsverletzter, alle Stadtverordneten der SPD verhaftet. Sie hatten sich, anders als die Zentrumsfraktion, der Stimme enthalten, als der Stadtrat in dieser Sitzung Hitler zum Ehrenbürger ernannte.

Aber nicht nur in den Parlamenten, sondern im ganzen öffentlichen Dienst, bei den Behörden, bei der Polizei, an den Gerichten, an der Universität und in den Schulen wurde »gesäubert«.

Die SA treibt am 1. April 1933 jüdische Kaufleute durch die Straßen Kölns.

Wer den Nationalsozialisten politisch nicht gefiel, weil er einer anderen Partei oder der Gewerkschaft angehörte oder irgendwann einmal etwas gegen sie gesagt oder geschrieben hatte oder weil er Jude war, verlor seine Stellung und wurde in den Ruhestand versetzt. Viele sind damals aus Angst um ihren Arbeitsplatz aus der SPD oder dem Zentrum ausgetreten oder in die NSDAP eingetreten, um Karriere zu machen.

Und die NSDAP wütete rücksichtslos weiter. Am 1. April 1933 bekamen die Kölner Juden eine Ahnung davon, was sie im nationalsozialistischen »Dritten Reich« erwartete. Wie überall in Deutschland blockierten auch hier SA-Männer den Zugang zu Geschäften, die Juden gehörten, beschmierten die Schaufenster mit Beleidigungen und zwangen die Geschäftsinhaber, Schilder mit antisemitischen, also judenfeindlichen, Parolen durch die Stadt zu tragen.

Zur gleichen Zeit wurde das Gerichtsgebäude am Reichenspergerplatz gestürmt, jüdische Richter und Anwälte wurden herausgeprügelt, in Mülltonnen gesteckt und durch die Stadt zum Polizeipräsidium gekarrt.

Bei all diesen kriminellen Aktionen hatte die Kölner Polizei nur weggeschaut und jede Hilfe verweigert. Zehntausende sind in den ersten Monaten des Jahres 1933 aus Deutschland geflohen. Vielen, die gehofft hatten, dass der Spuk bald vorüber sein würde, und blieben, sollte ein schreckliches Schicksal widerfahren. Anfang Mai waren die Gewerkschaften dran: Sie wurden verboten, ihre Funktionäre verhaftet, ihr Besitz beschlagnahmt. Am 17. Mai wurden vor der alten Universität in der Claudiusstraße Bücher jüdischer Autoren, aber auch anderer Schriftsteller wie Erich Kästner oder Heinrich Mann, öffentlich verbrannt. Schließlich wurden bis Juli 1933 alle Parteien – außer der NSDAP – verboten und aufgelöst. Jetzt war Deutschland eine wirkliche Diktatur. Es herrschte eine Partei, und die war bedingungslos ihrem Führer ergeben.

Köln im Nationalsozialismus

Von der NS-Studentenschaft organisiert: die Verbrennung »undeutscher« Schriften.

Wer Kritik äußerte, bekam Schwierigkeiten. Aber auch diejenigen, die sich ganz still verhielten, wurden nicht in Ruhe gelassen. Der nationalsozialistische Staat verlangte Mitarbeit, auch von Kindern ab zehn Jahren und Jugendlichen, die mit erheblichem Druck in die Hitlerjugend gepresst wurden. Es gab den NS-Frauenbund, die Deutsche Arbeitsfront, in der Arbeiter und Angestellte Mitglieder waren, NS-Organisationen für diverse Berufe wie Ärzte, Richter, Rechtsanwälte und Lehrer, das Nationalsozialistische Kraftfahrerkorps für Auto- und Motorradfahrer, die Nationalsozialistische Volkswohlfahrt und Dutzende andere mehr. Nirgendwo mitzumachen konnte Nachteile im Beruf und Privatleben haben.

Es konnte aber auch unangenehm werden, beim »Blockwart«, der das politische Wohlverhalten in der Nachbarschaft kontrollierte, oder beim Ortsgruppenleiter der Partei negativ aufzufallen. Manche hatten Angst, andere dagegen wollten aufsteigen und hielten deshalb ihren Mund, passten sich in allem an und wurden zu typischen Mitläufern. Aber viele, viel zu viele, waren begeistert von den markigen Versprechungen und dem rücksichtslosen Auftreten des NSDAP-Führers und seiner Umgebung, von Goebbels, Göring, Hess oder Ley.

Köln im Nationalsozialismus

Jeden Mittwochnachmittag und den ganzen Samstag hatten Hitlerjungen »Dienst«. Dieser Dienst bestand zu einem wesentlichen Teil aus einer vormilitärischen Ausbildung.

Hitlers Vertreter in Köln war Josef Grohé, der den Gau Köln-Aachen leitete, einen der vierzig Bezirke, in die die NSDAP Deutschland gegliedert hatte, und somit der mächtigste Mann im Rheinland war. Im November 1934 zog die Gauleitung vom »Braunen Haus« in der Mozartstraße in das frei gewordene Gebäude der alten Universität in der Claudiusstraße um.

Insgesamt dreißig Ämter kontrollierten dort die Eingliederung Kölns und des Rheinlandes in den NS-Staat. Die Gauleitung in der Claudiusstraße war bis 1945 die eigentliche Machtzentrale in Köln. So saßen die Nationalsozialisten nach einem halben Jahr schon ganz fest im Sattel und waren kaum noch von der Macht zu vertreiben. Als der alte Reichspräsident Hindenburg 1934 starb, war der von ihm ernannte Reichskanzler Hitler unumschränkter Diktator.

Im politischen Programm der Nazis war der Antisemitismus ein besonders wichtiger Punkt. In ihrem Weltbild gliederte sich die gesamte Menschheit in verschiedene Rassen, an deren oberster Stelle der nordisch-germanische, blonde, blauäugige »Herrenmensch« stand, an unterster Stelle aber befanden sich Juden als angebliche »Untermenschen«. Aufgabe der Herrenmenschen sollte es sein, die minderwertigen Untermenschen zu vernichten, hatte Hitler in seinem Buch »Mein Kampf« geschrieben.

In Köln lebten schon seit der Römerzeit Juden, 1424 waren sie vom Rat aus der Stadt verwiesen worden. Im neunzehnten Jahrhundert, in der Franzosen- und Preußenzeit, waren die Verbote aufgehoben worden, und die Lage der Juden hatte sich in Deutschland verbessert: Obwohl es immer einen spürbaren Antisemitismus gegeben hat, waren die Juden doch gut integriert, die meisten empfanden sich als Deutsche jüdischer Religion oder Herkunft. In ganz Deutschland machten die Juden etwa ein Prozent der Bevölkerung aus, in Köln lebten etwa fünfzehntausend Juden, die in allen sozialen Schichten vertreten waren. Sechs Synagogen gab es in Köln, daneben eine jüdische Volksschule und eine Oberschule sowie in Neu-Ehrenfeld, in der Ottostraße, ein jüdisches Krankenhaus, in dem auch Nichtjuden behandelt wurden. Von ihren nichtjüdischen Nachbarn unterschieden sich die Kölner Juden wenig. Von denen haben sie aber kaum Hilfe bekommen, als der nationalsozialistische Staat ihnen alle Rechte nahm und immer größeres Unrecht zufügte. Sie wurden aus dem öffentlichen Dienst entlassen, in den Schulen von Lehrern und Mitschülern schikaniert, bis sie von selbst oder unter Zwang die Schule verließen, ihre Geschäfte wurden boykottiert, und in Parks, Schwimmbädern und anderen öffentlichen Anlagen wurde ihnen bald der Zutritt verboten. Nicht nur in den Kölner Karnevalszügen wurden sie verspottet und beleidigt.

Köln im Nationalsozialismus

Verspottung von Juden in einem Karnevalszug 1934. Als »Juden« verkleidete Männer, die als »die Letzten« nach Palästina abziehen.

Immer mehr Berufe waren Juden untersagt, schließlich durften sie keine Autos oder Fahrräder mehr besitzen, keine Telefone, keine Radios, keine Schreibmaschinen, keine Haustiere, die Benutzung der Straßenbahn war ihnen verboten, und sie durften nur noch zu besonderen Zeiten in besonderen Läden einkaufen. Durch die Nürnberger Rassegesetze von 1935 waren sie keine Staatsbürger mehr. Ehen zwischen Deutschen und Juden waren verboten.

Tausende Juden sind damals aus Deutschland und aus Köln ausgewandert, nach Palästina, das damals noch eine englische Kolonie war, in die USA, nach Südamerika, nach England oder in die Nachbarländer. Denjenigen, die geblieben sind, hat man erst ihren Besitz, dann ihr Leben genommen.

In der NS-Diktatur wurden alle Kommunisten als Staatsfeinde behandelt, nicht zuletzt, weil die inzwischen verbotene Kommunistische Partei den spürbarsten, heftigsten Widerstand gegen die Machtergreifung der Nationalsozialisten leistete. Die Kommunisten versuchten, die Partei im Untergrund zusammenzuhalten. Im ersten Jahr der Diktatur verfügten sie sogar über eine geheime Druckerei in einem Keller an der Hohen Straße, in der Zeitungen und Flugblätter hergestellt wurden.

Die bald ebenso verbotenen Sozialdemokraten und Gewerkschaftler riskierten oft Freiheit und Leben, indem sie Informationsmaterial aus dem nahen Ausland wie Belgien und Holland ins Land schmuggelten, die über den wahren Charakter des

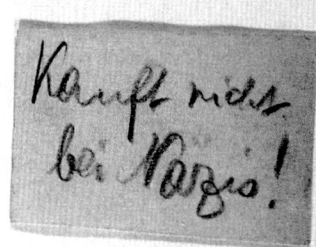

Widerstand: Streuzettel mit Anti-Nazi-Parolen aus der Vorkriegszeit.

Köln im Nationalsozialismus

Nationalsozialismus aufklären sollten. Der Geheimen Staatspolizei, der Gestapo, ist es mit der Zeit gelungen, diese Widerstandsgruppen zu unterwandern und zu zerschlagen.

Es hat in Köln zwischen 1933 und 1938 eine ganze Serie von Prozessen gegen Kommunisten, Sozialdemokraten und Gewerkschaftler gegeben. Sie wurden wegen Hochverrat verurteilt, viele von ihnen kamen aus dem Zuchthaus anschließend als politische Häftlinge in ein Konzentrationslager, manche wurden hingerichtet oder starben an der Folter und an unmenschlichen Haftbedingungen. Dieses Schicksal konnte aber auch parteipolitisch ungebundenen Personen widerfahren, die vor oder nach 1933 vor Hitler und den Nazis gewarnt hatten. Es gab Grund genug, um Angst zu haben.

Ab 1934 nahm die NSDAP einen neuen Gegner ins Visier: die Kirchen. In Köln und im Rheinland war das hauptsächlich die katholische Kirche. Die Bischöfe hatten sich bisher überwiegend unentschieden und zurückhaltend zum Dritten Reich geäußert, einige sogar zustimmend. Ziel der Nationalsozialisten war es, die katholische Jugendarbeit, eine Konkurrenz zur staatlichen Hitlerjugend, zu verhindern. Es war ihnen unerträglich, dass besonders im katholischen Köln und Rheinland so viele Jungen und Mädchen in den Pfarreien, in katholischen Jugendverbänden, in von katholischen Orden geleiteten Schulen und Internaten unter dem Einfluss von Priestern, Mönchen und Nonnen standen. So hagelte es auch hier bald Verbote. Die katholischen Jugendgruppen wie etwa die Pfadfinder wurden verboten, von Orden geführte Gymnasien wie die Ursulinenschule oder die Liebfrauenschule wurden geschlossen. Schließlich wurden alle Bekenntnisschulen, das heißt Katholische oder Evangelische Volksschulen, abgeschafft und durch die »Deutsche Volksschule« ersetzt. Und die Jugendlichen oder Priester, die sich nicht an die Verbote hiel-

Der »Klingelpütz«, errichtet 1838 als preußisches Zentralgefängnis, war ab 1933 Hinrichtungsstätte für die westdeutschen Sondergerichte. Die Hinrichtungen wurden mit dem Fallbeil (Guillotine) durchgeführt. Als Haftanstalt war er zwischen 1933 und 1945 ständig überbelegt. 1968 wurden die Gebäude abgerissen und das Gefängnis nach Ossendorf verlegt.

Adolf Hitler in Köln am 28. März 1936.

ten, sondern öffentlich oder heimlich weitermachten, wurden meistens nach bekanntem Muster verfolgt: Verhaftung, Verhör, Prügel, Prozesse, Zuchthaus, Konzentrationslager, Tod. Manchmal nur einige Stationen, manchmal alle nacheinander.

Allein im Kölner Gefängnis »Klingelpütz« sind in den zwölf Jahren NS-Herrschaft mehr als tausend Menschen hingerichtet worden. Und es gab noch weitere Hinrichtungsstätten in der Stadt. Doch nicht nur durch Angst und Schrecken stabilisierten die Nationalsozialisten ihre Herrschaft, sondern auch durch scheinbare Erfolge. Dass diese Erfolge keineswegs auf eigenem Verdienst beruhten oder sogar ihre Kehrseiten hatten, spielte keine Rolle. So klang die Weltwirtschaftskrise in allen Ländern nach 1933 allmählich ab, und neue Arbeitskräfte wurden wieder gebraucht. Diesen globalen Rückgang der Arbeitslosigkeit verstärkten die Nationalsozialisten in Deutschland durch große Rüstungsaufträge, durch Arbeitsbeschaffungsmaßnahmen wie den Autobahnbau, durch die Einführung des Reichsarbeitsdienstes und der allgemeinen Wehrpflicht. Um das alles bezahlen zu können, wurden wieder Schulden gemacht oder neues Geld gedruckt – wie vor 1923.

Die Aggressivität, mit der die Nationalsozialisten gegen ihre Gegner in Deutschland vorgingen, zeigte sich auch in der Außenpolitik. Die Aufrüstung und die Einführung der allgemeinen Wehrpflicht waren bereits klare Verstöße gegen den Versailler Friedensvertrag von 1919, aber im März 1936 ging Hitler noch weiter: Er ließ die Reichswehr in das für Militär gesperrte linksrheinische, grenznahe Gebiet einmarschieren. Die am 7. März, einem Sonntag, über die Hohenzollernbrücke kommenden Truppen und Waffen sind von der Kölner Bevölkerung begeistert empfangen worden, alle Glocken des Doms läuteten zu dieser angeblichen »Befreiung des

Köln im Nationalsozialismus

Bei seinen Besuchen hat sich Hitler auch mit Plänen zur Umgestaltung Kölns beschäftigt. Nach dem Willen der NSDAP sollte Köln zur Gau-Hauptstadt umgestaltet werden. Die Planer sahen vor, eine Ost-West-Schneise durch die Stadt zu pflügen, vom Aachener Weiher bis zur Deutzer Brücke, Deutz abzureißen und durch ein Aufmarschgelände mit einem riesigen Gau-Forum zu ersetzen. Bis auf die Verbreiterung der Hahnen- und der Cäcilienstraße zwischen Rudolfplatz und Heumarkt sind diese größenwahnsinnigen Pläne zum Glück nicht mehr ausgeführt worden.

Rheinlandes«. Jetzt wurden in Köln wieder Soldaten stationiert. Dass die Engländer und Franzosen gegen diese Vertragsverletzungen nur schwach protestierten, machte Hitler noch angriffslustiger. Im März 1938 marschierte die Wehrmacht in Österreich ein, im September desselben Jahres erpresste Hitler mit Kriegsdrohungen die Abtretung des von Deutschen bewohnten Sudetenlandes im Westen der damaligen Tschechoslowakei – heute Tschechien – an das jetzt »Großdeutsche Reich«. Solche ohne Blutvergießen errungenen außenpolitischen Erfolge brachten den Nationalsozialisten auch die Zustimmung jener, die ihnen bisher skeptisch gegenübergestanden hatten. In Köln wurde Hitler bei seinen Besuchen 1936 und 1938 von einem begeistertem Publikum empfangen: Zehntausende warteten singend und schunkelnd stundenlang vor dem Dom-Hotel darauf, dass er sich auf dem Balkon zeigte.

Im Oktober 1938 schoss in Paris ein junger Jude auf einen deutschen Botschaftsangestellten, um die Weltöffentlichkeit auf die Lage der Juden in Deutschland aufmerksam zu machen. Als dieser an den Folgen der Verletzungen starb, begann in der Nacht vom 9. zum 10. November ein Pogrom, eine vom Propagandaminister Goebbels organisierte Ausschreitung gegen die Juden und ihre Synagogen, Geschäfte und Wohnungen in ganz Deutschland. In Köln brannten die Synagogen in der Roonstraße, in der Glockengasse und in Ehrenfeld aus, die anderen drei Gotteshäuser in der St. Apernstraße, in Deutz und Mülheim wurden von SA-Männern in Zivil zerstört. Feuerwehr, Nachbarn und Passanten haben nur stumm zugeschaut und nicht eingegriffen, als die Scheiben zersplitterten, die Türen eingetreten wurden, die Einrichtung auf der Straße landete, Menschen die Treppen hinuntergeworfen wurden und Feuer gelegt wurde. Hier bereits beginnt die Zerstörung Kölns, die später im Krieg fortgeführt werden sollte. Hunderte jüdische Männer sind anschließend in Konzentrationslager verschleppt worden, und es hat auch in Köln Tote gegeben bei dieser »Reichskristallnacht«, wie der Berliner Volksmund diesen Terror wegen der Scherben genannt hat. Die Juden wurden anschließend gezwungen, die Schäden selbst zu beseitigen, der Wiederaufbau der Synagogen blieb verboten. Schon vorher, erst recht aber nach diesem Pogrom mussten jüdische Firmen sowie Haus- und Grundbesitz weit unter Wert an »arische« Deutsche verkauft, ja verschleudert werden. Aus dem großen Kaufhaus Leonhard Tietz in der Schildergasse war schon 1933 der »Kaufhof« geworden. Bald nach Kriegsbeginn mussten alle Juden ihre Wohnungen verlassen und wurden in »Judenhäuser«, so die amtliche Bezeichnung, eingewiesen, wo sie nun jederzeit unter der Kontrolle der Gestapo waren. Ab 1941 mussten sie in der Öffentlichkeit immer einen gelben Stern, auf dem »Jude« stand, auf der Brust tragen.

Die ausgebrannte Synagoge in der Glockengasse. Auf dem unzerstört gebliebenen Schriftfeld stehen in hebräischer Sprache die Worte des Propheten Jesaia: »Denn siehe, Finsternis bedecket die Erde …«

Köln im Nationalsozialismus

Die kampflose Eroberung Österreichs und des Sudetenlandes machten Hitler noch tollkühner. Im März 1939 besetzte die Wehrmacht ganz Tschechien, als nächstes Land stand Polen auf Hitlers Liste. Als er am 1. September 1939 Polen überfiel und England und Frankreich, Polens Verbündete, Deutschland den Krieg erklärten, war das der Beginn des Zweiten Weltkriegs. Die Kölner waren durch wiederholte Luftschutzübungen, durch den Bau von Bunkern, die Verteilung von Gasmasken und natürlich durch ständige Propaganda auf diesen Krieg eingestimmt worden. Noch vor seinem Ausbruch wurden auch die

aus dem Ersten Weltkrieg bekannten Lebensmittelkarten wieder eingeführt. Anders als im August 1914 ist dieser Krieg aber nicht bejubelt oder gefeiert worden. Böse Vorahnungen bedrückten die meisten Menschen, und das Leben in der Stadt veränderte sich mit Kriegsbeginn schlagartig. Nachts mussten Häuser und Wohnungen zum Schutz vor Luftangriffen verdunkelt sein, kein Schimmer durfte auf die stockfinsteren Straßen dringen. Immer mehr Männer wurden zum Kriegsdienst eingezogen, und die zu Hause Gebliebenen zwischen achtzehn und fünfundvierzig Jahren mussten in ihrer Freizeit an Wehrerziehungslehrgängen teilnehmen. Sogar die Kölner Hunde wurden auf ihre Kriegstauglichkeit hin gemustert. Waren sie untauglich, hatten ihre Besitzer kein Anrecht mehr auf Hundekuchenbezugsscheine.

Der handtellergroße »Judenstern«, schwarz auf gelbem Stoff, musste von Juden ab dem 19. September 1941 sichtbar getragen werden.

Der erste Höhepunkt der Luftangriffe war mit dem »Tausend-Bomber-Angriff« in der Nacht vom 30. zum 31. Mai 1942 erreicht, bei dem 469 Kölner getötet wurden. Mehr als dreitausend Häuser waren danach völlig zerstört, über zehntausend beschädigt. Immer häufiger verbrachten die Kölner die Nächte in Luftschutzkellern, die aber nur eine begrenzte Sicherheit boten. Unzählige Menschen wurden darin verschüttet und erstickten.

Mit den siegreichen Feldzügen 1939 und 1940 gegen Polen, Dänemark, Norwegen, die Niederlande, Belgien, Luxemburg und schließlich gegen Frankreich besserte sich die Stimmung kurzfristig, und das Leben schien wieder seinen gewohnten Gang zu nehmen, aber einem Frieden kam Deutschland auch nach diesen Siegen keinen Schritt näher. Die Todesanzeigen in den Zeitungen wurden nicht weniger, immer mehr Menschen

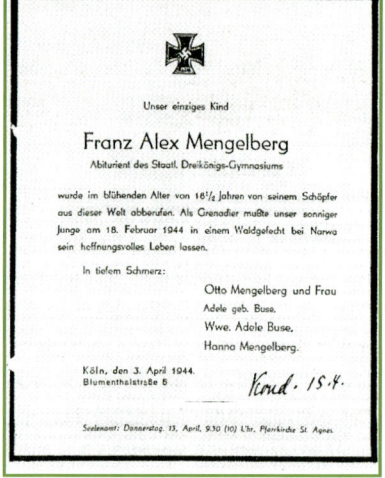

verloren Familienangehörige, Freunde, Nachbarn und Kollegen an den Fronten des Krieges.

Der deutsche Überfall auf die Sowjetunion im Juni 1941 und die Kriegserklärung an die USA ließ zumindest diejenigen, die keine überzeugten Nationalsozialisten und Hitlerbewunderer waren, am Sieg und am Sinn des Krieges zweifeln. Daran änderten auch die Durchhalteparolen und die häufigen Massenveranstaltungen, auf denen die Kölner NS-Prominenz Kriegsstimmung erzeugen wollte, wenig.

Als grauenvoll erwies sich nämlich eine neue Art der Kriegsführung, die die Deutschen zuvor gegen Warschau, Rotterdam, Coventry und andere Städte angewendet hatten: der Luftkrieg. Den trugen seit 1940 die Engländer und ab 1942 auch die Amerikaner zurück nach Deutschland, vor allem in dessen westlichste Großstadt, nach Köln. Seit dem ersten Bombenangriff am 12. Mai 1940 heulten immer wieder die Sirenen und scheuchten die Menschen in die Bunker und Keller, wo sie ängstlich den Detonationen lauschten, hofften und beteten, dass ihr Haus nicht ge-

Köln im Nationalsozialismus

Die letzte Habe eines Ausgebombten. Köln, 26. Februar 1943.

Lebenszeichen an den Mauern zerstörter Häuser.

troffen werde. An den Scheinwerfern und Fliegerabwehrkanonen am Stadtrand halfen sechzehn- und siebzehnjährige Schüler – später auch Mädchen – als Luftwaffenhelfer, feindliche Flugzeuge abzuschießen, was aber nur selten gelang. Anzahl und Heftigkeit der Luftangriffe steigerten sich unaufhörlich.

Die Stadt versank immer mehr in Trümmern. Dazwischen lagerten tausende und abertausende »Ausgebombte«, die über Nacht fast alles verloren hatten.

Immer weniger funktionierte noch: Die Straßenbahnlinien waren ständig unterbrochen, ebenso die Versorgung mit Wasser, Strom und Gas. Und wenn die wichtigsten Leitungen und Verbindungen wiederhergestellt waren, folgte der nächste Angriff. Mit der Stadt, ihren Häusern und Straßen zerbrachen auch ihre Schmuckstücke: Die zwölf romanischen Kirchen und viele andere auch wurden stark, zum Teil sogar völlig zerstört, das Gleiche gilt für das historische Rathaus samt Rathausturm, den Gürzenich, das Opernhaus. Die Ringe und die Hohe Straße waren nur noch eine Trümmermeile. Besonders im Sommer 1943 gab es in Köln eine ganze Serie verheerender Luftangriffe. Auch viele andere deutsche Großstädte wurden angegriffen und zerbombt, aber kaum eine andere außer Dresden ist in diesem Krieg so verwüstet worden wie Köln. Die meisten Kunstschätze aus den Museen und Kirchen waren auf dem Land oder in Bergwerken versteckt in Sicherheit gebracht worden, so auch der Dreikönigenschrein, die Gemälde und die Fenster des Doms. Der Dom selbst wurde etliche Male getroffen, sein Dach war fast vollständig zerstört, aber er blieb stehen. Im November 1943 erhielt der Nordturm einen so schweren Treffer, dass er einzustürzen drohte. Eine in den nächsten Tagen hastig einge-

Zerstörter Teil des Nordturms.

Die »Domplombe«, die den Einsturz des Nordturms verhinderte.

mauerte Plombe aus über fünfzigtausend Backsteinen in ungefähr zehn Metern Höhe verhinderte das Schlimmste.

Ein normales Leben war in Köln längst nicht mehr möglich. Am wenigsten für die bald mehr als hunderttausend Ausgebombten. Staat und Partei setzten alles daran, diese Menschen, aber auch die Kinder und Jugendlichen aus Köln wegzubringen. Wenn sie nicht freiwillig gehen wollten, bekamen sie keine Lebensmittelkarten mehr und wurden so gezwungen, zu Verwandten aufs Land oder in Notunterkünfte weit weg von Köln – in Niedersachsen, Thüringen, Schlesien oder Ostpreußen – zu ziehen. Besonders für Kinder war in Köln kein Platz mehr, viele Schulen waren ohnehin zerbombt. Ab 1942 wurde die so genannte »Kinderlandverschickung« durchgeführt: Grundschulkinder und noch jüngere wurden von ihren Eltern getrennt und mit Lehrern, Hitlerjugendführern oder einer anderen Aufsicht bei Bauern, in Scheunen, Baracken, Zelten irgendwo zwischen der Ostsee und Bayern einquartiert. Jahrelang haben viele Kinder ihre Eltern, die in der Stadt zurückbleiben mussten, nicht mehr wieder gesehen, manche nie mehr. Die Einwohnerzahl Kölns sank von mehr als siebenhundertfünfzigtausend bei Kriegsbeginn auf ungefähr vierzigtausend beim Einmarsch der Amerikaner im März 1945.

Öffentliche Essensausgabe nach dem Angriff vom 28./29. Juni 1943.

Aber noch weitere Kölner mussten die Stadt verlassen: Als Erste traf es die Sinti und Roma, im Volksmund »Zigeuner« genannt. Auch sie galten in der NS-Rassenlehre als minderwertig und sollten getötet werden. 1940 wurden

Köln im Nationalsozialismus

Propagandaplakat für die Kinderlandverschickung.

sie aus ihren Wohnungen und aus dem Lager in Bickendorf abgeholt und durch die Stadt zum Bahnhof Deutz getrieben, von wo aus sie in die osteuropäischen Vernichtungslager gebracht wurden. Von den etwa fünfzehnhundert Sinti und Roma aus Köln haben weniger als einhundert überlebt.

In der deutschen Gesellschaft war nach Meinung der Nazis auch kein Platz für das von ihnen so bezeichnete »lebensunwerte Leben«. Gemeint waren damit körperlich und geistig Behinderte, schwer psychisch Kranke, Bewohner von Heil- und Pflegeanstalten. Während des Krieges wurden sie möglichst unauffällig in andere Heime verlegt, ihre Angehörigen bekamen nach einiger Zeit einen Totenschein, auf dem Herzversagen oder Lungenentzündung als Todesursache angegeben war. In Wirklichkeit hatte man sie ermordet: mit Giftspritzen oder Gas. Proteste seitens der katholischen Kirche haben diese Ermordungen nur verlangsamt, nicht aber verhindern können. Ab 1941 wurden dann alle Kölner Juden zunächst in ein Sammellager in Müngersdorf eingeliefert und anschließend zwischen 1941 und 1944 in mehreren Transporten in die überfüllten Ghettos osteuropäischer Städte, vor allem Lodz, Riga und Theresienstadt, oder direkt in die Vernichtungslager von Auschwitz, Treblinka und Maidanek gebracht. Dort sind die meisten von ihnen in Gaskammern getötet und anschließend verbrannt worden. Manche wählten den Selbstmord, um nicht in die Hände ihrer Mörder zu fallen. Nur einigen wenigen ist es gelungen, rechtzeitig unterzutauchen und in Verstecken das Kriegsende und den Zusammenbruch der nationalsozialistischen Herrschaft zu erleben. Die Kölner Synagogengemeinde gibt die Gesamtzahl der Ermordeten aus Köln mit elftausend an, insgesamt sind etwa sechs Millionen europäischer Juden dem Rassenwahn zum Opfer gefallen.

Gedenkstein auf dem jüdischen Friedhof in Köln-Bocklemünd.

KZ-Häftlinge bei Aufräumarbeiten nach einem Luftangriff.

Um trotz Krieg und Zerstörung die Produktion und den Betrieb aufrechterhalten zu können, brauchten Industrie und Landwirtschaft, Städte und Verwaltungen unzählige Arbeitskräfte. Allein in Köln waren in mehr als zweihundert Lagern Zwangsarbeiter, vor allem aus Polen und Russland, unter menschenunwürdigen Bedingungen untergebracht. Die größten dieser Lager befanden sich in der Kölner Messe und auf dem Gelände der Ford-Werke in Niehl. Je länger der Krieg dauerte, umso mehr Zwangsarbeiter wurden hierher geschafft. 1943/44 sind es mehrere zehntausend gewesen. Noch schlimmer als die Zwangsarbeiter lebten die Insassen des Konzentrationslagers in der Messe, einer Außenstelle des KZ Buchenwald. Fast täglich konnte man in Köln sehen, wie sie in ihrer dünnen gestreiften Sträflingskleidung von ihren SS-Bewachern zu den Trümmern und Bombentrichtern geführt wurden, wo sie Schutt wegräumen oder nicht detonierte Bomben entschärfen mussten. Waren sie schließlich zu schwach und krank für diese Arbeiten, wurden sie zum Sterben zurück ins KZ Buchenwald gebracht. Ähnlich erging es den in Köln und überall in Deutschland eingesetzten russischen Kriegsgefangenen.

Mit der immer größer werdenden Zerstörung Kölns und dem Zusammenbruch der öffentlichen Ordnung regte sich in den beiden letzten Kriegsjahren auch wieder der Widerstand gegen die »braunen« Machthaber. Aber es verstärkte sich auch gleichzeitig der Terror, vor allem durch die Gestapo, gegen jedes Anzeichen von Opposition oder Verweigerung. Schon ein zu laut geäußertes Zweifeln am deutschen Endsieg, ein Witz oder eine abfällige Bemerkung über Hitler, Goebbels oder Göring konnte schlimme, ja tödliche Folgen haben. Das galt auch für die, die ihr Radio so gepolt hatten, dass man das deutschsprachige Programm der BBC aus England empfangen konnte. In Köln waren – wie in den dreißiger Jahren – zunächst die Kommunisten am entschlossensten und mutigsten. Aber der Kreis vergrößerte sich jetzt. Ein »Nationalkomitee Freies Deutschland«, das seine heimliche Zentrale in Klettenberg hatte, war über zweihundert Mitglieder stark – zu denen zählten auch Sozialdemokraten, Gewerkschaftler und Christen. Durch Flugblätter, Parolen an Trümmerwänden und Sabotage in kriegswichtigen Betrieben versuchten sie, den Krieg zu verkürzen. Im November 1944 konnte die Gestapo dieses »Nationalkomitee« unterwandern und viele Mitglieder verhaften. Nur das Kriegsende hat den meis-

Köln im Nationalsozialismus

Edelweißpiraten. Schon vor dem Krieg hatten sich in verschiedenen Städten Deutschlands Jugendgruppen gebildet, deren Mitglieder der von den Nationalsozialisten verbotenen »Bündischen Jugend« entstammten. Diese Jugendverbände versuchten in Opposition zu Staat und Schule mit Wanderungen, Lagerleben, Musik und jugendlicher Kleidung ihre eigene Kultur zu verwirklichen. Von der Gestapo und der HJ wurden sie deswegen als Kriminelle abgestempelt und verfolgt. In Westdeutschland traten sie unter Namen wie »Edelweißpiraten« (Erkennungszeichen ein Edelweiß am Rockaufschlag), Kittelbachpiraten und Navajos auf. Vor allem in der Endphase des Krieges beteiligten sich diese informellen Jugendgruppen an Widerstandsaktionen gegen die NS-Diktatur.

ten von ihnen, aber nicht allen, das Leben gerettet. Spontaner, wilder und fast noch gefährlicher waren die Aktionen von immer größer werdenden Gruppierungen, von den Nationalsozialisten als Banden bezeichnet, die im Untergrund lebten. Sie bestanden aus desertierten Soldaten von der näher rückenden Westfront, geflohenen Zwangsarbeitern, untergetauchten Juden und anderen Verfolgten und hatten eine starke Ausstrahlung auf Jugendliche, die etwas gegen die Nazis unternehmen wollten. In ihrem Kampf ums tägliche Überleben in den Trümmern und Kellern der Stadt lieferten sie sich bewaffnete Auseinandersetzungen mit der Gestapo und ihren Helfern. Viele von ihnen wurden gefangen genommen und ohne Gerichtsverfahren hingerichtet. Zur Abschreckung wurden am 25. Oktober und am 10. November 1944 insgesamt vierundzwanzig Personen in der Hüttenstraße in Ehrenfeld öffentlich erhängt, unter ihnen auch sechs Jugendliche aus der Gruppe der »Edelweißpiraten«, einer lockeren Vereinigung von nicht in der Hitlerjugend organisierten Jugendlichen.

Nach dem gescheiterten Attentat auf Hitler am 20. Juli 1944 verfolgte das NS-Regime alle, die mit den Verschwörern irgendwie oder irgendwann einmal Kontakt gehabt hatten oder mit ihnen sympathisierten. Die christlichen Gewerkschaftler Bernhard Letterhaus, Nikolaus Groß und Dr. Otto Müller wurden in Berlin zum Tode verurteilt und hingerichtet, andere starben in der Haft. Dem ebenfalls verhafteten früheren Kölner Oberbürgermeister Konrad Adenauer gelang

Öffentliche Hinrichtung von Zwangsarbeitern in Köln-Ehrenfeld am 25. Oktober 1944.

Die Kölner Gestapo-Zentrale, das »EL-DE-Haus«, am Appellhofplatz.

die Flucht aus dem Deutzer Messelager. Die Zentrale des Schreckens war in Köln das Hauptquartier der Geheimen Staatspolizei, die seit 1935 im EL-DE-Haus am Appellhofplatz untergebracht war. Oben waren die Büro- und Verhörräume, im Keller die Zellen, und im Hof stand seit Herbst 1944 ein Galgen, an dem allein zwischen Oktober 1944 und März 1945 mehr als tausend Menschen ohne ein Gerichtsverfahren hingerichtet worden sind. Ausgerechnet dieses Haus ist den Bomben lange entgangen, getroffen wurde es erst beim letzten Angriff im März 1945.

Der Krieg neigte sich langsam dem Ende zu. Im Juni 1944 waren die Amerikaner und Engländer in der französischen Normandie gelandet, hatten zügig Frankreich und Belgien befreit und bereits im Oktober Aachen in ihrer Gewalt. Aber dann verzögerte sich ihr weiterer Vormarsch durch den Winter und durch heftigen deutschen Widerstand. Propagandaminister Goebbels kam am 4. Oktober 1944 ein letztes Mal nach Köln, um die Bevölkerung mit einer fanatischen Rede zum Durchhalten und zum Hass auf Engländer und Amerikaner aufzurufen. Als Reaktion auf diese im »Großdeutschen Rundfunk« übertragene Rede flogen die Amerikaner in den Tagen danach eine Kette schwerer Luftangriffe auf Köln, bei denen die Mülheimer Brücke als erste der Kölner Rheinbrücken einstürzte. Die anderen Kölner Brücken folgten im Januar und Februar 1945.

Am 6. März 1945 wurde von der SS die Hohenzollernbrücke (im Hintergrund) als letzter noch intakter Rheinübergang gesprengt, um die Amerikaner aufzuhalten. Im Vordergrund die durch Bomben zerstörte Hängebrücke (»Hindenburgbrücke«).

Längst kamen die Bomber nicht mehr nur nachts, es regnete jetzt auch am hellen Tag Feuer und Tod auf die deutschen Städte. Im Februar 1945 rückte die Front dann auf Hörweite an Köln heran. Auch ein eilig aufgestelltes letztes Aufgebot aus Hitlerjungen und alten Männern, der so genannte »Volkssturm«, konnte die Amerikaner nicht stoppen. Am 1. März befahl der Gauleiter, dass alle noch im linksrheinischen Teil verbliebenen Kölner die Stadt räumen und in andere Teile Deutschlands gebracht werden sollten. Zur Ausführung dieses Befehls ist es aber nicht mehr gekommen, weil am nächsten Tag ein letzter schwerer Angriff auf das Trümmerfeld Köln niederging. Danach setzten sich Parteileitung, Stadtverwaltung, SS und Gestapo auf die rechtsrheinische Seite ab und überließen die Stadt ihrem Schicksal.

Am 6. März sind schließlich die Amerikaner von Westen und Norden her in die Stadt eingerückt. Sie trafen auf schwache militärische Gegenwehr, lediglich in der Komödienstraße, fast vor dem Dom, ist es zu einem kurzen Panzergefecht gekommen. Dann schwiegen die Waffen. Für die vierzigtausend Menschen, die noch im linksrheinischen Teil der Stadt verblieben waren, war der Albtraum vorbei. Die rechte Rheinseite ist erst Mitte April von den Amerikanern besetzt worden. Bis dahin haben die Deutschen noch über den Rhein hinweg Granaten auf die Trümmerstadt geschossen. Innerhalb der Ringe waren mehr als neunzig Prozent der Häuser völlig zerstört und unbewohnbar. Zwanzigtausend Kölner waren Opfer der Bombenangriffe geworden, mehr als dreißigtausend waren als Soldaten gefallen oder vermisst. Über dieser nicht mehr wieder zu erkennenden Stadt, diesem Friedhof, erhob sich der äußerlich wenig beschädigte Dom wie ein Mahnmal.

Nicht wenige glaubten, dies sei das Ende Kölns.

Köln im Nationalsozialismus

Zum Ansehen Im EL-DE-Haus am Appellhofplatz, von 1935–1945 Sitz der Geheimen Staatspolizei für den Regierungsbezirk Köln, befindet sich heute das NS-Dokumentationszentrum, das hier eine Dauerausstellung zur Geschichte Kölns im Nationalsozialismus zeigt.

Zu den vielen heute noch in Köln vorhandenen Spuren der NS-Zeit führen fünf Touren, die in dem Buch von Severin Roeseling vorgestellt werden: »Das Braune Köln. Ein Stadtführer. Die Innenstadt in der NS-Zeit. Köln 1999«.

Einen tiefen Eindruck von der Zerstörung Kölns gibt der Bildband von Hermann Claasen und Josef Rick: »Gesang im Feuerofen. Düsseldorf 1979«.

Zum Weiterlesen Von den vielen Veröffentlichungen zum Thema »Köln im Zweiten Weltkrieg« sollen nur einige genannt werden:

Karola Fings: Messelager Köln. Ein KZ-Außenlager im Zentrum der Stadt. Köln 1996

Alexander Goeb: Er war sechzehn, als man ihn hängte. Das kurze Leben des Widerstandskämpfers Bartholomäus Schink. Reinbek 2001

Adolf Klein: Köln im Dritten Reich. Köln 1983

Joachim Trapp: Kölner Schulen in der NS-Zeit. Köln 1994

»... vergessen kann man die Zeit nicht, das ist nicht möglich ...« – Kölner erinnern sich an die Jahre 1929–1945. Hrsg. von der Stadt Köln. Köln 1985

Köln nach dem Krieg

11

 Leben in Trümmern – Stadtverwaltung und Besatzungsmächte – Kampf ums Überleben – Wiederentstehung des politischen Lebens – Auseinandersetzung mit der NS-Vergangenheit – Der Wiederaufbau – Das Wirtschaftswunder – Das neue Gesicht der Stadt – Die Kulturstadt Köln

»Etwas Unheimliches lag über den Ruinen von Köln, etwas, was mit dem Verstand nicht zu erfassen war. Und die wie durch ein Wunder noch zum Himmel emporstrebenden Domtürme machten das Debakel noch gespenstischer.«

Mit diesen Worten beginnt der Bericht eines amerikanischen Reporters über seinen Besuch in Köln im März 1945.

Die Stadt war nicht mehr wieder zu erkennen. Alle Brücken lagen im Rhein, die Innenstadt war fast vollständig zerstört, und viele Straßen waren nur noch Trampelpfade in einer Ruinenlandschaft. Meterhoch türmten sich Schutt und Asche, in vielen Vororten sah es ähnlich aus. Den aus der Gefangenschaft, aus Kinderlandverschickung und Evakuierung heimkehrenden Überlebenden verschlug es die Sprache. »Als wir Köln sahen, weinten wir ...«, schrieb der aus der Gefangenschaft zurückkehrende Soldat Heinrich Böll, der bald Kölns bekanntester Schriftsteller werden sollte. So leer das Trümmerfeld auch wirkte, es gab darin noch Leben. Etwa vierzigtausend Menschen hatten bis zuletzt im linksrheinischen Teil der Stadt ausgeharrt, das Ende des Krieges und die Befreiung abgewartet, die Befreiung von Verfolgung, von ständiger Lebensgefahr und Todesangst. Ihre Zahl wuchs durch die Rückkehrenden in den nächsten Monaten dramatisch. Wo und wie lebten diese Menschen? Vor allem in Kellern, in notdürftig zurechtgezimmerten Verschlägen in den Ruinen, in halbzerstörten Häusern und Wohnungen. Wenn ein Haus oder eine Wohnung unbeschädigt waren, waren sie bald voll gestopft mit Menschen. Neben der Wohnungsnot war das größte Problem der Hunger. Die auf Lebensmittelkarten zugeteilte Nahrung reichte bei weitem nicht zum Sattwerden aus. In manchen Monaten lag sie bei achthundert Kalorien pro Tag, obwohl ein gesunder Erwachsener etwa zweitausendfünfhundert Kalorien täglich braucht. Und selbst für diese minimalen Mengen an Brot, Fleisch, Fett, Kartoffeln oder Kohl musste man noch stundenlang anstehen. Oder sie waren überhaupt nicht zu bekommen. Die Kölner hungerten 1945, 1946, 1947.

Heimkehr nach Köln, 1945.

Köln nach dem Krieg

Rückkehr vom »Hamstern«.

Es gab verschiedene Möglichkeiten, an zusätzliche Lebensmittel zu kommen, aber die meisten waren beschwerlich und gefährlich. Da gab es den Schwarzmarkt, wo man die Wertgegenstände, die einem geblieben waren, eintauschen konnte. Aber der Schwarzmarkt war illegal und kriminell; bei den häufigen Kontrollen konnte man dort alles verlieren. Weit verbreitet war auch der Diebstahl von Lebensmitteln oder Briketts von den Lastwagen oder Waggons, die durch Köln rollten. Weil der Kölner Erzbischof Frings für den »Mundraub«, der dem Überleben diente, in einer Predigt Verständnis geäußert hatte, wurde fortan von »Fringsen« gesprochen, wenn man Kohlen oder Kartoffeln klaute. Andere bettelten bei den Besatzungssoldaten oder zogen zu Fuß, mit Fahrrädern, später auch mit der Eisenbahn aufs Land zu den Bauern, um dort etwas zu bekommen oder einzutauschen. »Hamstern« nannte man diese Methode. In Gärten und Vorgärten wurden Kartoffeln angebaut, in Wohnungen und auf Balkonen Hühner oder Kaninchen gehalten. Manche Arbeiter bekamen ihren Lohn in Lebensmitteln ausbezahlt. Und dennoch blieben Hunger und Kälte die ständigen Begleiter der Menschen, vom Wachwerden bis zum Einschlafen.

»Fringsen« am Rudolfplatz.

Joseph Kardinal Frings, Kölner Erzbischof von 1942–1969, griff noch während des Krieges in mutigen Predigten den nationalsozialistischen Rassenwahn an und war in der Nachkriegszeit nicht nur für die Katholiken ein starker moralischer Rückhalt. Der »Volksbischof« wurde 1967 vom Rat zum Ehrenbürger Kölns ernannt.

Mit dem Tag ihres Einmarschs in Köln, dem 6. März 1945, sind es die Amerikaner, die sich bemühen, eine erste Ordnung in das Chaos zu bringen. Die amerikanische Militärregierung nahm ihren Sitz im unzerstört gebliebenen Gebäude der Allianz-Versicherung am Kaiser-Wilhelm-Ring und richtete dort eine Stadtverwaltung ein. Zunächst wurden nur Menschen eingestellt, die nicht Mitglied der NSDAP gewesen waren. Zum Oberbürgermeister machten die Amerikaner Konrad Adenauer, der dieses Amt bis 1933 innegehabt hatte, bis er von den Nationalsozialisten vertrieben wurde. Die Stadtverwaltung und die Amerikaner standen in Köln vor nahezu unlösbaren Aufgaben. Die gerechte Verteilung der wenigen Lebensmittel musste organisiert werden, ebenso die Verteilung von Wohnraum. Die Versorgung mit Gas, Wasser, Strom musste wiederhergestellt werden, das Verkehrsnetz wieder in Gang gebracht, Gerichte und Polizei als Vertreter der öffentlichen Ordnung neu aufgebaut werden, und natürlich musste die Stadt enttrümmert werden, der Schutt musste von den Straßen und Plätzen verschwinden. Rückblickend kann man mit einiger Bewunderung feststellen, wie schnell sie es dennoch geschafft hatten, einigermaßen geordnete Zustände in der Ruinenlandschaft herzustellen: Schon im Mai verkehrten auf einigen Strecken wieder Bahnen, Busse und Züge. Die Strom-, Wasser- und Gasleitungen wurden zügig repariert. Ende Mai hatte die Stadt auch wieder einen – mehr oder weniger – festen Rheinübergang, eine von amerikanischen Pionieren gebaute Pfahlbrücke aus Holz neben der zerstörten Hängebrücke. Im Juni 1946 kam mit der »General-Patton-Brücke« nördlich der zerstörten Hohenzollernbrücke ein weiterer provisorischer Rheinübergang dazu.

Behelfsbrücke, aufgrund ihres Aussehens auch »Tausendfüßlerbrücke« genannt. Sie war neun Meter breit und hatte eine fünfundzwanzig Meter breite Schifffahrtsöffnung. Der Übergang war nur nach vorheriger Entlausung gestattet. Abgebrochen wurde sie im September 1946.

Köln nach dem Krieg

So genannte »Trümmerfrau« bei einem Pflichteinsatz in der Takustraße in Köln-Ehrenfeld.

Aufräumarbeiten 1947.

Nur das Enttrümmern des Stadtkerns zog sich noch lange hin. Bis 1950 hat es gedauert, bis die unvorstellbare Menge von dreißig Millionen Kubikmetern Schutt beseitigt war. Der »Herkulesberg« hinter dem MediaPark, die Hügel im Inneren Grüngürtel zwischen Aachener Weiher und Universität oder die im Beethovenpark bestehen aus den Trümmern des Krieges.

Es gab aber auch Unstimmigkeiten zwischen der amerikanischen Besatzungsmacht und der neuen Stadtverwaltung. Die Amerikaner bestanden darauf, dass alle Parteimitglieder aus der Verwaltung und dem öffentlichen Dienst entfernt wurden. Adenauer war jedoch der Ansicht, dass man zum Wiederaufbau alle Fachleute brauchte, egal ob sie Nationalsozialisten gewesen waren oder nicht, und zwischen Mitläufern und wirklichen Verbrechern unterschieden werden müsste. Überhaupt kamen die Deutschen vor lauter Überlebenskampf und Aufbaustress kaum dazu, sich mit ihrer Vergangenheit und Schuld zu beschäftigen. Vielleicht wollten sie es auch nicht. Es hat die Sieger des Krieges doch ziemlich überrascht, in Deutschland ein Volk vorzufinden, in dem keiner Nazi gewesen sein wollte, in dem sich alle als Opfer fühlten und sich den Besatzern völlig unterwarfen.

Köln war da keine Ausnahme. Und nachdem die Sieger die Zügel gelockert hatten, kehrten viele ehemalige Nationalsozialisten auf ihre früheren Posten zurück. Die Verfolgung der Täter und Hauptschuldigen wurde immer nachlässiger betrieben und Anfang der fünfziger Jahre nahezu eingestellt.

Am 16. Juni 1945, gut einen Monat nach Kriegsende, räumten die Amerikaner Nordwestdeutschland und überließen das Gebiet den Engländern. Wegen der im Sommer zu Hunderttausenden nach Köln zurückströmenden Heimkehrer und aus dem Osten Deutschlands Vertriebenen drängten die Engländer auf schnelle Lösungen bei der Wohnungs- und Ernährungsfrage. Mit Konrad Adenauer waren sie gar nicht zufrieden. Sie warfen ihm vor, sich nicht genügend um den Wiederaufbau der Stadt zu kümmern und sich stattdessen mehr mit der Gründung einer neuen Partei, der CDU, oder mit Plänen für einen zukünftigen deutschen Staat zu befassen. Was schließlich den Ausschlag gegeben hat, ist bis heute nicht ganz geklärt. Auf jeden Fall ist Adenauer im Oktober 1945 vom britischen Militärgouverneur als Oberbürgermeister entlassen worden und vier Jahre später der erste Kanzler der Bundesrepublik Deutschland geworden. Als neuen Oberbürgermeister ernannten die Engländer den CDU-Politiker Hermann Pünder.

Zur Überraschung vieler war die Kölner Industrie durch den Bombenhagel weit weniger zerstört worden als die Wohngebiete. Ford zum Beispiel konnte schon im Mai 1945 wieder Lastwagen herstellen, im Herbst des Jahres waren es schon fünfhundert Stück pro Monat. Auch bei Stollwerck, der Chemischen Fabrik Kalk, bei Felten & Guilleaume und Klöckner-Humboldt-Deutz kam die Produktion schnell wieder in Gang. Die Arbeiter dort wurden oft durch Lebensmittel, Kleidung oder Heizmaterial entlohnt. Und trotz Hunger und Not, oder vielleicht gerade deswegen, lebte auch das Kulturleben in der Stadt schnell wieder auf: Die ersten Ausstellungen, Konzerte, Theateraufführungen, vor allem aber die Kinos waren sehr gut besucht. Nicht zuletzt deswegen, weil sie für einige Stunden Abwechslung vom tristen Trümmer- und Hungeralltag boten. Im Sommer 1945 öffneten die Volksschulen, sofern es sie noch gab, im Herbst und Winter die Gymnasien. In den behelfsmäßig hergerichteten Räumen fehlte es in den ersten Jahren nach dem Krieg an nahezu allem: an Tischen, Stühlen, Bänken ebenso wie an Tafeln, Büchern und Karten. Es fehlte an Lehrern, es fehlte an Platz. Die Folge war Schichtunterricht, abwechselnd vormittags und nachmittags. Das Heizmaterial mussten die Kinder selbst mitbringen, sonst blieb der Raum kalt. Immerhin konnte schon bald eine regelmäßige Schulspeisung organisiert werden. Und wenn das auch oft nicht mehr als eine dünne Suppe war, bot sie einen Anreiz, wieder zur Schule zu gehen, und linderte den Hunger der Kinder etwas. Im Dezember 1945 nahm auch die Universität ihren Lehrbetrieb auf.

Schulklasse 1946. Viele Kinder hatten keine Schuhe und nahmen barfuß am Unterricht teil.

Köln nach dem Krieg

Die Mitglieder der in der NS-Zeit verbotenen Parteien konnten sich jetzt wieder öffentlich treffen, ihre Organisationen aufbauen und sich, soweit die Besatzungsmächte das zuließen, mit der Planung für ein Köln im Nachkriegsdeutschland beschäftigen. Die dominierende Rolle, die das Zentrum vor 1933 im Rheinland gespielt hatte, versuchte nun die neue CDU einzunehmen. Ihr Vorsitzender in der britischen Besatzungszone war seit März 1946 Konrad Adenauer. Schon 1945 wurden die SPD und die KPD wieder gegründet, und die Liberalen fanden sich in der FDP. Bei den ersten freien Kommunalwahlen seit 1933 erhielt im Oktober 1946 die CDU 53 Prozent der Stimmen. Ihr Kandidat, der von den Engländern eingesetzte Oberbürgermeister Hermann Pünder, blieb damit im Amt, sein Stellvertreter wurde Robert Görlinger von der SPD. Die Engländer hatten in ihrer Besatzungszone das System der Doppelspitze eingeführt: Der Oberbürgermeister repräsentierte die Stadt nach außen, an der Spitze der Verwaltung stand der vom Rat für zwölf Jahre gewählte Oberstadtdirektor. Erst mit der Kommunalwahl 1999 sind diese Ämter wieder vereint worden, und der Oberbürgermeister ist gleichzeitig Chef der Stadtverwaltung.

Wahlplakate 1946.

Der Winter 1946/47 war einer der kältesten des Jahrhunderts. Wochenlang zeigte das Thermometer extreme Minustemperaturen an, der Rhein fror zu, und die mittlerweile auf über fünfhunderttausend Menschen angewachsene hungernde und frierende Bevölkerung war mit ihren Kräften am Ende. Es kam zu Streiks und Demonstrationen verzweifelter Menschen vor dem provisorischen Rathaus am Kaiser-Wilhelm-Ring. Der Stadtrat richtete einen Hilferuf an die Welt. In vielen Ländern, vor allem in Nordamerika, wurden Spenden gesammelt und Lebensmittelpakete, so genannte »Care-Pakete«, nach Deutschland geschickt, aber eine spürbare Verbesserung der Situation stellte sich erst im Sommer 1947 ein. Die Amerikaner und die Briten hatten ihre Besatzungszonen zu einem einheitlichen Wirtschaftsgebiet zusammengelegt, der »Bi-Zone«, und 1948 kam die französisch besetzte Zone dazu. In

Die teilweise wieder hergerichtete und befahrbare Hohenzollernbrücke.

Köln nach dem Krieg

diese drei Westzonen flossen seit 1947 amerikanische Kredite, die den Wiederaufbau beschleunigen und die Wirtschaft ankurbeln sollten, die »Marshall-Plan-Hilfe«. Diese Finanzspritzen haben ganz entscheidend dazu beigetragen, dass Westdeutschland und Köln von 1947/48 an allmählich auf die Beine kamen. Die Anzeichen dafür waren unübersehbar: Im September 1947 wurde in Köln die erste Nachkriegsmesse veranstaltet, im Mai 1948 konnte die Hohenzollernbrücke wieder von Zügen befahren werden, im Oktober war die neue Deutzer Brücke fertig.

Die 700-Jahrfeier der Grundsteinlegung des Kölner Doms am 15. August 1948.

Im Juni 1948 wurde in den drei Westzonen eine neue Währung, die D-Mark, eingeführt. Jeder Bürger erhielt sechzig Mark, die alte Reichsmark wurde ungültig. Das neue Geld sorgte dafür, dass in den Läden und auf den Märkten plötzlich Waren auftauchten, die bis dahin nur auf dem Schwarzmarkt verkauft wurden.

Ein weiteres Zeichen für die allmähliche Erholung Kölns war das Domfest im August 1948, offiziell »Festwoche zur 700. Wiederkehr der Grundsteinlegung des Kölner Doms« genannt. An den Veranstaltungen rund um das Symbol der Stadt haben mehrere hunderttausend Besucher teilgenommen. Zum ersten Mal wurde in dem von meterhohem Schutt freigeräumten Kirchenraum wieder eine feierliche Messe gehalten, es gab eine Prozession entlang der wichtigsten Kirchenruinen quer durch die Trümmer und eine große Kundgebung im Stadion. Für ein bisschen Prunk und Prominenz sorgten die angereisten Bischöfe und Kardinäle, an ihrer Spitze ein vom Papst entsandter Botschafter, und der Ministerpräsident des neuen Landes Nordrhein-Westfalen.

Es tat sich wieder etwas in Köln. Im Oktober 1948 fanden erneut Kommunalwahlen statt, bei der die CDU Stimmen einbüßte und die SPD gewann. Im Stadtrat hatten nun Sozialdemokraten und Kommunisten gemeinsam so viele Stimmen wie Christdemokraten und Liberale. Robert Görlinger von der SPD und Ernst Schwering von der CDU wechselten sich nun in den nächsten vier Jahren jährlich als Oberbürgermeister ab.

Nachdem sich die Sieger des Zweiten Weltkriegs, Russen, Amerikaner, Briten und Franzosen, nicht mehr über eine einheitliche Behandlung des besiegten und be-

Präsident Kennedy vor dem Rathaus am 23. Juni 1963.

setzten Deutschlands verständigen konnten, wurde im Mai 1949 aus den drei Westzonen die Bundesrepublik Deutschland, während aus der sowjetisch besetzten Zone östlich der Elbe die DDR wurde. Hauptstadt des neuen westdeutschen Staates wurde Bonn. Für die Stadt Köln hatte die Nähe zur dreißig Kilometer entfernten kleinen Bundeshauptstadt eine Menge Vorteile. Hier siedelten sich ab 1949 eine ganze Reihe von ausländischen Botschaften und Handelsvertretungen an, aber auch Bundesbehörden und viele Verbände. Zudem fanden viele Kölner in den Bonner Ministerien und Behörden einen Arbeitsplatz. Der Flughafen in der Wahner Heide wurde zum Köln-Bonner-Flughafen ausgebaut. Viele ausländische Staatsgäste haben seit den fünfziger Jahren bei ihrem Aufenthalt in Bonn auch der Domstadt einen Besuch abgestattet: die englische Queen ebenso wie der französische Staatspräsident de Gaulle oder der amerikanische Präsident Kennedy, um nur die prominentesten zu nennen.

Ein weiteres untrügliches Zeichen, dass die Kölner den Schock und den Schrecken der Kriegs- und Nachkriegsjahre allmählich überwanden, war der Wiederbeginn des organisierten Karnevals 1949. Erstmals seit zehn Jahren gab es ein Dreigestirn und einen Rosenmontagszug. Das Motto dieses Rosenmontagszugs lautete: »Mer sinn widder do un dun, wat mer künne«. Und da wir gerade beim Feiern sind:

Das nächste große Fest stand bereits 1950 an, zum neunzehnhundertsten Jahrestag der Erhebung des »Oppidum Ubiorum« zur »Colonia« durch Kaiser Claudius und Kaiserin Agrippina. Zu diesem Geburtstagsfest präsentierte sich die »alte Dame« Köln in viel aufgeräumterem Zustand als noch zwei Jahre zuvor. Die Enttrümmerung war weitgehend abgeschlossen, überall wurde repariert, restauriert oder neu gebaut. Der Gürzenich, der Festsaal der Stadt, war wieder benutzbar, und ihm gegenüber stand als Geschenk der Kölner Handwerker an ihre Stadt wieder der Rathausturm. Auch an den

Straßenkarneval in der Nachkriegszeit.

Köln nach dem Krieg

Die Rheinseilbahn, ein alternativer Rheinübergang.

Das neue Opernhaus am Offenbachplatz.

zerstörten romanischen Kirchen hatten die Rettungsarbeiten begonnen. Höhepunkt der Feier war die Aufführung einer Folge von zwanzig Szenen aus der Kölner Stadtgeschichte auf dem zu einem Freilufttheater ausgebauten Altermarkt. Das eigentliche Fest- und Ausstellungsgelände lag am Deutzer Rheinufer zwischen der neuen Deutzer Brücke und dem Messegelände.

In den nun anbrechenden fünfziger und sechziger Jahren des zwanzigsten Jahrhunderts erlebte Köln eine Zeit der Wiederauferstehung und des schnellen, manchmal sogar zu schnellen Wachstums. Jedes Jahr wurden jetzt bedeutende Bauwerke geplant, begonnen und fertig gestellt. 1951 wurde von etwa vierhunderttausend Bürgern die neue Mülheimer Brücke eingeweiht, 1952 folgte das Funkhaus des Westdeutschen Rundfunks am Wallrafplatz, 1953 begann der Neubau des Wallraf-Richartz-Museums, 1954 wurde die Rodenkirchener Autobahnbrücke wieder dem Verkehr übergeben, 1955 war der neue Gürzenich fertig, 1956 wurde das Schnütgen-Museum für kirchliche Kunst wieder eröffnet und 1957 zur Bundesgartenschau die Rheinseilbahn in Betrieb genommen, das neue Opernhaus am Offenbachplatz eröffnet, der »Spanische Bau« des Rathauses mit dem Ratssaal eingeweiht und die neue Bahnhofshalle fertig gestellt.

1959 folgte die Kölner Sporthalle im Messegelände, die 1938 zerstörte Synagoge in der Roonstraße stand der jüdischen Gemeinde wieder zur Verfügung, und als sechster Kölner Rheinübergang verband die Severinsbrücke links- und rechtsrheinisches Köln – ein rasantes, für die Zeitgenossen geradezu atemberaubendes Tempo auf dem Weg von der Trümmerstadt zur modernen City. Denn daneben entstanden auch viele Wohn- und Geschäftshäuser, öffentliche Gebäude, Kirchen, Schulen,

Im Vordergrund die Severinsbrücke vor dem weitgehend wieder aufgebauten Köln.

ganze Straßenzüge und Plätze, immer neue Trümmergrundstücke verwandelten sich in Baustellen. Und das natürlich nicht nur in Köln, sondern in der ganzen westdeutschen Bundesrepublik Deutschland.

Wie war diese schnelle Wiederauferstehung überhaupt möglich? Eine Voraussetzung dafür war, dass die gerade besiegten Deutschen sehr bald wieder gebraucht wurden. Die Welt war in zwei Lager zerfallen, in zwei Militärbündnisse, die sich gegenseitig bedrohten. In der NATO, angeführt von den USA, war die junge Bundesrepublik bald genauso fest verankert wie die DDR in dem von der Sowjetunion geführten Warschauer Pakt. Beide deutsche Staaten hatten ab 1955 erneut eine Armee, und die Grenze des »Kalten Krieges« zwischen den beiden Blöcken verlief mitten durch Deutschland. Viele ausländische NATO-Soldaten waren und sind in der Bundesrepublik stationiert, in und um Köln waren es hauptsächlich Belgier. Und die andere Voraussetzung für die schnelle Wiederauferstehung war das »Wirtschaftswunder« der fünfziger Jahre, eine lange Phase geprägt durch Vollbeschäftigung, gute Verdienstmöglichkeiten und florierende Wirtschaft. Von diesem Wirtschaftswunder profitierte besonders das Industrie- und Handelszentrum Köln. Und obwohl die Einwohnerzahl kontinuierlich wuchs, gab es schon Ende der fünfziger Jahre nicht mehr genügend Arbeitskräfte in Köln. Die Wirtschaft begann »Gastarbeiter« aus dem Ausland anzuwerben, aus Italien, Spanien, Portugal, Griechenland und der Türkei. Ihre Zahl stieg zwischen 1960 und 1970 von etwa vierzehntausend auf fast siebzigtausend. Heute sind ungefähr zwanzig Prozent, also etwa zweihunderttausend Kölner Ausländer oder ausländischer Herkunft.

Der schnelle, oft sogar hektische Wiederaufbau hat das Stadtbild Kölns entscheidend geprägt und verändert, aber nicht immer verschönert. »Das neue Köln«

Köln nach dem Krieg

Heinrich Böll (1917–1985), Schriftsteller und Literatur-Nobelpreisträger aus Köln, seit 1983 Ehrenbürger der Stadt Köln.

Die autogerechte Stadt: Auf- und Abfahrten der Severinsbrücke.

der Stadtplaner um Rudolf Schwarz sollte eine verkehrs- und autogerechte Stadt werden. Der Autobahnring um Köln, die mitten durch die Stadt gehende »Nord-Süd-Fahrt« und die autobahnähnlichen Brückenzufahrten sind die Folge dieser Pläne.

Heinrich Böll hat das die zweite Zerstörung der Stadt genannt, die mit der Zerstörung des Krieges vergleichbar sei.

Aber auch der Abriss des alten Opernhauses am Rudolfplatz, die kalte Architektur der Nachkriegsjahrzehnte, die sich an vielen Großbauten wie dem Polizeipräsidium am Waidmarkt, dem Telegrafenamt in der Cäcilienstraße oder dem Bau der Gerling-Versicherung im Gereonsviertel zeigt, und die einfallslose Gestaltung vieler Plätze als reine Verkehrsknotenpunkte sind Sünden und Fehlentscheidungen, an denen die Stadt bis heute leidet. Daneben ist es wie in den Jahren zwischen den Kriegen wieder der Wohnungsbau, der Köln am deutlichsten veränderte. Um die drückende Wohnungsnot der Nachkriegsjahre zu beenden, wurden von Wohnungsbaugesellschaften und privaten Bauherren immer neue Siedlungen gebaut, die den Charakter der alten Vororte radikal verändert haben. Beispiele dafür sind die »Ford-Siedlung« in Niehl, die »Gartenstadt Nord« zwischen Weidenpesch und Longerich, die »Stegerwaldsiedlung« in Mülheim, erst recht aber die Großsiedlungen in Bocklemünd (»Görlinger Zentrum«), in Chorweiler und Neu-Brück.

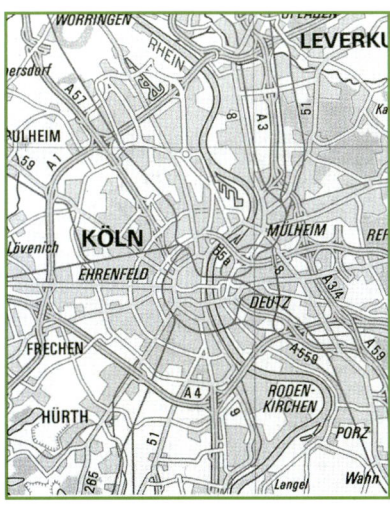

Der Kölner Autobahnring.

Die autogerechte Stadt:
Die Nord-Süd-Fahrt zerschneidet die Innenstadt.

Ganz wichtig für die Stadt Köln war es, dass es ihr in den zwei Jahrzehnten nach dem Krieg gelang, wieder die Rolle einer führenden, weit über Deutschland hinaus bekannten Kulturmetropole einzunehmen. Dazu trug natürlich der gerettete oder wieder aufgebaute Bestand an römischer und mittelalterlicher Kunst bei, aber auch die Großzügigkeit, mit der Stadt und Privatleute in den Jahren und Jahrzehnten nach der Katastrophe dafür sorgten, dass alte und moderne Kunst für eine breite Öffentlichkeit zugänglich wurde.

Für die Nachkriegszeit sollen als Beispiel der Neubau des Wallraf-Richartz-Museums und das neue Opernhaus am Offenbachplatz dienen. 1962 kam das Schauspielhaus dazu. Der wieder aufgebaute Gürzenich wurde die Heimat des »Gürzenich-Orchesters«, und der WDR spielt als Veranstalter und Förderer seit dieser Zeit eine ganz wichtige Rolle im Kulturleben Kölns.

Auch die Kölner Universität nahm schon bald einen Spitzenplatz ein. Heute ist sie mit über sechzigtausend Studenten die drittgrößte Hochschule in Deutschland. Die Musikhochschule gab es auch wieder, und in Müngersdorf wurde die Deutsche Sporthochschule gegründet. Seit den sechziger Jahren sind noch eine ganze Reihe von Fachhochschulen dazugekommen. Köln ist also auch eine Stadt der Studenten, auch wenn sie in der Menge nicht so auffallen wie in kleineren Universitätsstädten.

Politisch wandelte sich Köln in den fünfziger Jahren zu einer sicheren Hochburg der SPD. Seit der SPD-Kandidat Theodor Burauen nach der Wahl 1956 den CDU-Oberbürgermeister Schwering ablöste, ist die SPD mehr als vier Jahrzehnte die stärkste Partei im Rathaus gewesen und hat bis 1999 den Oberbürgermeister gestellt. Theodor Burauen war siebzehn Jahre lang, bis 1973, ein sehr beliebter und erfolgreicher Kölner Oberbürgermeister. Seit 1964, als sie die absolute Mehrheit im Rat bekam, stellte die SPD auch den Oberstadtdirektor, den Chef der Stadtverwaltung. Gegen den Willen der Kölner Sozialdemokraten ging seitdem kaum etwas in der Stadt.

So hatte sich Köln in kaum zwanzig Jahren von einer Ruinenlandschaft in eine dynamische, schnell wachsende Großstadt verwandelt. 1945 hätte das kaum einer für möglich gehalten. Nicht alle Wunden waren verheilt, viele Verluste waren uner-

Köln nach dem Krieg

»Trauernde Eltern«
in St. Alban.

Theodor Burauen,
Kölner Oberbürgermeister 1956–1973.

setzbar, aber immer mehr Baulücken waren geschlossen worden. An Krieg und Zerstörung schien nichts mehr zu erinnern außer der als »Gedenkstätte an die Vernichtung Kölns im Bombenkrieg« erhaltenen Ruine von St. Alban neben dem Gürzenich mit den dort aufgestellten Steinfiguren der »Trauernden Eltern« von Käthe Kollwitz.

Der Blick vom Dom auf die Kölner Innenstadt. Vorn das frühere Wallraf-Richartz-Museum (heute Museum für angewandte Kunst), hinten das Opernhaus.

Hans Schäfer, Mannschaftskapitän des 1. FC Köln, mit dem Geißbock »Hennes«, dem Maskottchen des Vereins.

Mitte der sechziger Jahre war der Wiederaufbau beendet. Es war aber nicht einfach das alte, eher gemütliche Köln wieder auferstanden, sondern eine neue Stadt mit einer Reihe alter Akzente war an seine Stelle getreten. Und auch dieses neue Köln wurde von seinen Bewohnern akzeptiert und mit Leben erfüllt, zog Touristen und Messebesucher aus aller Welt an. Der Stolz der Kölner auf ihre alte neue Stadt war ebenfalls wieder da. Den Dialekt, die »Kölsche Sproch«, und den kölschen Humor verbreitete das neue Medium Fernsehen an Karneval oder mit Übertragungen aus dem Millowitsch-Theater an der Aachener Straße im ganzen Land. Und als der 1. FC Köln 1962 zum ersten Mal deutscher Fußballmeister wurde, dieses Meisterstück in der ersten Bundesligasaison 1964 wiederholte und anschließend denkwürdige Europapokalschlachten schlug, waren nicht nur die Kölner Fußballfans selig.

Köln nach dem Krieg

Zum Ansehen St. Alban.

Beispiele für die Architektur der fünfziger und sechziger Jahre finden sich überall in Köln, zum Beispiel das Gebäude der Gerling-Versicherung am Gereonshof, das Scheibenhaus am Rudolfplatz (heute Crowne Plaza Hotel), das heutige Museum für angewandte Kunst in der Richartzstraße, das frühere Polizeipräsidium am Waidmarkt und viele andere.

Die Deutzer Brücke und die Severinsbrücke.

Die Nord-Süd-Fahrt, zum Beispiel in den Abschnitten Turiner Straße oder Tunisstraße.

Zum Weiterlesen

Reinhold Billstein und Eberhard Illner: »You are now in Cologne, compliments.« Köln in den Augen der Sieger. Köln 1995

Jost Dülffer (Hrsg.): »Wir haben schwere Zeiten hinter uns«. Die Kölner Region zwischen Krieg und Nachkriegszeit. Köln 1996

Max Leo Schwering: Köln. Bewegte Zeiten – Die 50er Jahre. Fotos von Theo Felten. Gudenberg 1997

Köln heute

Großstadtverkehr – Gesellschaftlicher Wandel – Neunte Stadterweiterung – Strukturwandel und Wirtschaftskrise – Arbeitslosigkeit und soziale Not – Ausländer in Köln – Der Medienstandort Köln – Großbauten – Kommunalpolitik – Die Gipfelstadt Köln – Köln am Beginn des dritten Jahrtausends

Stau in beiden Richtungen auf der Deutzer Brücke 1960.

Köln heute

Bau der U-Bahn an der Nordseite des Doms.

Für die Kölner gab es kein Verschnaufen oder Zurücklehnen, als die Stadt nach den Kriegszerstörungen wieder aufgebaut war. Es ging pausenlos weiter. Immer neue Probleme mussten gelöst werden, und manche Lösungen wurden selbst wieder zum Problem. Seit dem Beginn der massenhaften Motorisierung in den sechziger Jahren droht die Stadt am Autoverkehr zu ersticken. Die Schnellstraßen und Highways, die man durch und um die Stadt gelegt hat, pumpen immer mehr Fahrzeuge in die Stadt. Mit der Zoobrücke war 1966 der achte Kölner Rheinübergang fertig geworden. Parkplätze sind in der Stadt schon lange selten und teuer, stockender Verkehr ist dagegen die Regel. Aus diesem Grund wurde der »öffentliche Personennahverkehr« gefördert, der möglichst viele Autos von der Stadt fern halten sollte. Aber die Bahnen und Busse standen wiederum selbst im Stau oder verursachten ihn gar.

Es führte kein Weg daran vorbei: Köln brauchte eine U-Bahn. Dass dafür große Teile der Stadt in riesige Baustellen und tiefe Baugruben verwandelt werden mussten, war unumgänglich. Fünf Jahre hat allein die Fertigstellung des ersten Teilstücks vom Friesenplatz zum Dom/Hauptbahnhof (nur zwei Stationen) gedauert, das im Oktober 1968 eingeweiht wurde. Heute verlaufen in der Innenstadt, in Nippes und Ehrenfeld, in Mülheim und Deutz die meisten Bahnstrecken unterirdisch, und die oberirdischen fahren fast alle auf eigenen Gleisen. Hinzugekommen sind auch Schnellbahnen, die so genannten S-Bahnen, die das Umland von Gummersbach und Siegburg bis Leverkusen, Düsseldorf und Neuss mit Köln verbinden. Trotzdem bleibt die Bewältigung des Verkehrs, des Stroms von Menschen und Waren nach Köln und aus Köln heraus, ein Dauerproblem der Großstadt.

Kölner stürmen die neu eröffnete U-Bahn (1968).

Mitte der sechziger Jahre war in Deutschland eine Generation herangewachsen, die den Krieg selbst nicht miterlebt hatte und den Wiederaufbau vorwiegend aus der Zuschauerrolle kannte. Diese neue Generation war nicht mehr so angepasst und fleißig wie die Nachkriegsdeutschen. Sie hörte auch andere Musik und zog sich anders an. Statt Kurzhaarfrisuren wurden nun lange Haare modern. Und den Eltern, den Lehrern, den Politikern, kurzum dem ganzen »Establishment«, wurden kritische Fragen gestellt: Fragen über die Vergangenheit und die Gegenwart, über den Krieg in Vietnam und die Atomrüstung, über die Gerechtigkeit im Land, über Sexualität, die Rolle der Frau und andere mehr. Besonders viele Studenten und Schüler gehörten zu dieser Protestgeneration der sechziger Jahre, die kritisierte und demonstrierte. Die gewalttätigen Demonstrationen gegen eine Preiserhöhung der Kölner Verkehrsbetriebe (= KVB) im Oktober 1966 waren in Köln das erste deutliche Zeichen dieses neuen Stils. Friedlichere Demonstrationen sah man in den kommenden Jahren und Jahrzehnten häufiger in Köln. Es bildeten sich Gruppen und Bürgerinitiativen, die sich vehement und manchmal sogar erfolgreich gegen Ratsbeschlüsse oder Maßnahmen der Stadtverwaltung zur Wehr setzten. Aus diesen vielen Bürgerbewegungen, Atomkraftgegnern, Umweltschützern und Friedensgruppen entstand Ende der siebziger Jahre die besonders in Köln erfolgreiche Partei der »Grünen«, die seit 1984 im Stadtrat eine wichtige Rolle spielen.

Weil die Stadt Köln seit den fünfziger Jahren so stark gewachsen ist, drängte sie immer weiter in die Umgebung und über die Stadtgrenzen hinaus. Die Folge

Köln heute

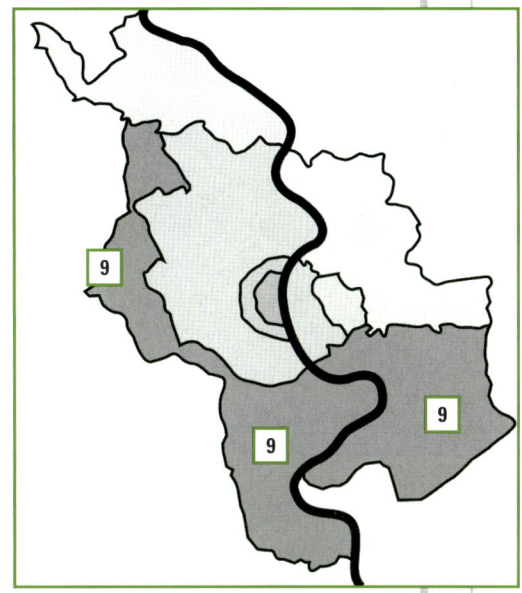

 Neunte Stadterweiterung.

davon war, dass eine weitere, die neunte und bisher letzte Stadterweiterung notwendig wurde. Durch das nordrhein-westfälische »Gesetz zur kommunalen Neugliederung« kamen am 1. Januar 1975 vor allem im Westen und Süden der Stadt einige selbstständige Städte (Porz, Wesseling) und Landgemeinden (Rodenkirchen, Lövenich, Esch, Pesch, Auweiler, Widdersdorf) zu Köln. Köln wurde damit zur Millionenstadt, wenn auch nur für kurze Zeit. In Porz und Wesseling war der Widerstand gegen die Eingemeindung sehr stark, und die Stadt Wesseling hat 1976 auf gerichtlichem Weg ihre Selbstständigkeit zurückbekommen. Dadurch sank die Einwohnerzahl wieder knapp unter eine Million, bis 1991 schließlich die millionste Kölnerin geboren wurde.

Vor ganz neuen, ungewohnten Problemen stand die Kölner Bevölkerung, seit in den siebziger Jahren die Zeit des Wirtschaftswachstums und der sicheren Arbeitsplätze zu Ende ging. Arbeitslosigkeit und soziale Not waren und sind für viele Menschen die unmittelbaren Folgen der Wirt-

Demonstration gegen die Notstandsgesetze auf dem Rudolfplatz am 29. Mai 1968.

Norbert Burger, Kölner Oberbürgermeister 1980–1999.

schaftskrise. Die Arbeitsplätze kamen aber auch nicht wieder, als die Wirtschaft sich erholte, denn Produktion, Handwerk und Handel hatten sich mittlerweile stark verändert. Der Einsatz von Maschinen, Automaten und Rechnern wurde in der Industrie billiger als die Arbeit von Menschen und führte zu Entlassungen. Andere Betriebe stellten die Produktion ganz ein oder wanderten von Köln ab, darunter auch so wichtige wie die Chemische Fabrik in Kalk, Klöckner-Humboldt-Deutz oder die Esso-Raffinerie.

Die Arbeitslosigkeit erfasst in den neunziger Jahren bis zu siebzehn Prozent aller Kölner im Erwerbsalter. Ausländer und Jugendliche ohne qualifizierten Schulabschluss sind besonders stark davon betroffen. Die hohe Arbeitslosenquote reißt tiefe Löcher in die Stadtkasse. Nicht nur, dass wichtige Steuereinnahmen wegfallen, auch die Ausgaben für die meist durch Arbeitslosigkeit notwendig gewordene Sozialhilfe steigen immer mehr. Mitte der neunziger Jahre leben in Köln etwa achtzigtausend Menschen von Sozialhilfe. Gleichzeitig ist die Stadt mit über fünf Milliarden Mark verschuldet. Es muss also rigoros gespart werden, und Kosten werden auf die Bürger abgewälzt, städtische Leistungen werden stark gekürzt.

Dass dadurch das Zusammenleben so vieler, von der Krise unterschiedlich stark betroffener Menschen und Gruppen in einer Stadt nicht einfacher wird, versteht sich fast von selbst. Das soziale Klima ist seit den achtziger Jahren rauer geworden. Deutlich zu spüren bekommen das Ausländer, die auch in Köln mit rechtsradikaler Dummheit konfrontiert werden. Zu den vielen alteingesessenen Ausländern, die schon mit Kindern und Enkeln hier leben, kommen neue hinzu, die vor Krieg und Unterdrückung hierher geflohen sind – aus Bosnien, dem Kosovo, aus Kurdistan oder Russland. Nachdem 1989 die rechtsextreme, ausländerfeindliche Partei der »Republikaner« mit dem beachtlichen Wahlergebnis von 7,4 Prozent aller Stimmen in den Stadtrat gewählt und 1992 ein Anschlag auf ein Flüchtlingswohnheim in Köln-Worringen verübt worden war, reagierten die »anderen« Kölner.

Am 9. November 1992, dem Jahrestag der »Reichskristallnacht«, demonstrierten am Chlodwigplatz mehr als 100.000 Menschen gegen Ausländerfeindlichkeit. Organisiert hatte die Demonstration, bei der die bekanntesten Kölner Musiker und

Köln heute

Tommy Engel beim Konzert »Arsch huh – Zäng ussenander«.

Die Chemische Fabrik Kalk (Hauptprodukt Düngemittel), das 135 Jahre alte Großunternehmen auf der rechtsrheinischen Seite, schließt am 31. Dezember 1973. Rund siebenhundert Arbeitsplätze gehen dabei verloren.

Prominenten auftraten, die Kölner Gruppe »Arsch huh – Zäng ussenander« (= Arsch hoch – Zähne auseinander).

Immer noch ist die Situation der Ausländer in Deutschland und Köln schwierig, aber es haben sich in den neunziger Jahren auch positive Veränderungen durchgesetzt: Ausländer aus den Staaten der Europäischen Union haben bei Kommunalwahlen Wahlrecht, und es ist inzwischen besonders für junge, hier geborene Ausländer viel einfacher geworden, die deutsche Staatsangehörigkeit zu erwerben.

Noch viel härter ist das Leben in der City für die zahlreichen Obdachlosen und Suchtkranken. Sie leben, für viele sichtbar, am Rande der Gesellschaft und sind ein unübersehbares Zeichen dafür, dass etwas nicht stimmt. Die hohe Zahl der Straftaten, das immer überfüllte Gefängnis »Klingelpütz« in Ossendorf und die Unsicherheit, die vor allem ältere Kölner in der Stadt empfinden, gehören auch dazu.

So präsentiert sich das moderne Köln als eine Großstadt mit Licht- und Schattenseiten. In negative Schlagzeilen geriet Köln am 5. September 1977, als in der Vincenz-Statz-Straße in Braunsfeld der Präsident des Bundesverbands der Arbeitgeber, Hanns Martin Schleyer, von Terroristen entführt wurde. Dabei wurden sein Fahrer und drei Polizisten erschossen. Nachdem der Versuch, Schleyer gegen inhaf-

Kölner Türkin bzw. türkische Kölnerin.

tierte Terroristen auszutauschen, gescheitert war, wurde er am 19. Oktober von seinen Entführern ermordet.

Von Krisen blieben auch die Politik und die Parteien nicht verschont, die seit 1956 in Köln regierende SPD traf es besonders hart. Eine ganze Reihe von Bestechungsaffären in städtischen Behörden, vor allem im Bauamt, und unsaubere Geschäfte von Inhabern hoher Ämter gipfelte 1999 im Rücktritt des Oberstadtdirektors und SPD-Oberbürgermeisterkandidaten Klaus Heugel. Der CDU-Bewerber Harry Blum wurde Nachfolger des langjährigen Oberbürgermeisters Norbert Burger (SPD), der seit 1980 ein beliebtes und erfolgreiches »Stadtoberhaupt« gewesen war. Doch nach nur 169 Tagen im Amt starb Blum am 17. März 2000. Trotz dieser kurzen Amtszeit war er in Köln sehr populär geworden. Zu seinem Nachfolger wurde am 17. September der CDU-Kandidat Fritz Schramma gewählt.

Es passt auch ganz gut ins Bild, dass die sportliche Nummer Eins in Köln, der 1. FC Köln, der 1978 noch ein drittes Mal Deutscher Meister geworden war, in den neunziger Jahren ebenfalls die Krise bekam und schließlich in die Zweite Liga abstieg – wenn auch nur vorübergehend.

Genug mit den Schattenseiten! Es ist schon beachtlich, was trotz Krisen und leerer Kassen in Köln geplant und verwirklicht worden ist. Schon früh hat sich Köln darum bemüht, eine Stadt der neuen Medien zu werden. Mit dem WDR, dem größten öffentlich-rechtlichen Sender der Bundesrepublik, war ein erfolgreicher Anfang schon gemacht worden, außerdem gab es den Deutschlandfunk und die Deutsche Welle mit ihren Auslandsprogrammen. Seit Ende der achtziger Jahre sind einige pri-

Köln heute

MediaPark.

vate Sender dazugekommen; in erster Linie ist hier RTL zu nennen, aber auch VIVA, VOX und Radio Köln. Auf dem Gelände des aufgelösten Güterbahnhofs Gereon entstand und entsteht noch der MediaPark, in dem sich neben dem Kinotempel »Cinedom« eine ganze Reihe von Firmen und Initiativen aus der Medienbranche niedergelassen haben. Studios und Produktionsfirmen sind in der ganzen Stadt verteilt. Etwa fünfzigtausend Arbeitsplätze gibt es im Medienbereich in Köln inzwischen.

Museum Ludwig.

Auch an ihrem traditionellen Ruf als Kunst- und Kulturstadt hat Köln, unterstützt von Privatleuten und der Wirtschaft, erfolgreich weitergearbeitet und dafür auch einiges ausgegeben. Noch in den siebziger Jahren hatte sich Köln das Römisch-Germanische Museum am Roncalliplatz und den Neubau des Museums für Ostasiatische Kunst am Aachener Weiher geleistet. 1975 hatte die Stadt von dem Fabrikanten-Ehepaar Ludwig eine bedeutende Sammlung moderner Kunst geschenkt bekommen, verbunden mit der Verpflichtung, dafür ein eigenes Museum zu schaffen. Herausgekommen ist dabei das neue »Wallraf-Richartz-Museum/Museum Ludwig« an der Ostseite des Doms. Daran schließt sich in Richtung Rhein die 1986 fertig gestellte Philharmonie an.

Das neue Wallraf-
Richartz-Museum.

Durch die Verlegung der verkehrsreichen Rheinuferstraße in einen Tunnel und die Umgestaltung der Oberfläche über dem Tunnel in den »Rheingarten« sind die Domumgebung und die Altstadt näher an den Fluss gerückt. Köln liegt wieder am Rhein und nicht an der Rheinuferstraße. Eine weitere große Schenkung der Ludwigs an die Stadt, darunter neunzig Werke von Picasso, machte es unumgänglich, dass für das »Wallraf-Richartz-Museum« direkt neben dem Gürzenich ein neues Haus gebaut wurde.

Das Schokoladenmuseum und das 1999 eröffnete Sportmuseum auf der Halbinsel am Rheinauhafen sind weitere Publikumsmagneten in der großen Kölner Museumsszene. Und dann gibt es noch den Kölner Kunstmarkt, der Jahr für Jahr Künstler, Galeristen und Besucher aus aller Welt nach Köln lockt.

Ein Erfolg war auch von Anfang an die »POPKOMM«, die Messe für Popmusik und Unterhaltung, und das damit verbundene Ringfest, das jedes Jahr im August über eine Million Teilnehmer und Zuschauer anzieht. Zu nennen bleibt schließlich noch als ein weiterer Großbau die 1998 eingeweihte »KölnArena« in Deutz, die für

Auf dem Ringfest der POPKOMM.

Köln heute

Konzerte und Sportveranstaltungen genutzt wird und achtzehntausend Zuschauern Platz bietet. Sie ist die neue Heimat des Kölner Eishockeyteams »Haie«.

So kämpft man mit vielen großen und kleinen Projekten gegen die Krise an. Manchmal mit mehr, manchmal mit weniger Erfolg. Einen krönenden Abschluss am Ende des wechselvollen zwanzigsten Jahrhunderts bildete im Juni 1999 der »Doppelgipfel«. Zunächst trafen sich in Köln die Regierungschefs und Außenminister aller Staaten der Europäischen Union, anschließend die der sieben wichtigsten Industrieländer der Welt und Russlands. Da blickte einmal mehr alle Welt auf Köln: Hier konnte man die versammelte Prominenz auf dem Dionysos-Mosaik im Römisch-Germanischen Museum tafeln sehen oder dem amerikanischen Präsidenten Bill Clinton in der Altstadt bei einem Glas Kölsch begegnen.

Und so ist aus der bewegten Geschichte der Stadt Köln ihre Gegenwart geworden. Und die Gegenwart wird bald schon wieder Geschichte sein. Im Jahr 2050 wird Köln wieder einen runden Geburtstag feiern, den zweitausendsten. Bis dahin wird noch eine Menge Wasser den Rhein hinunterfließen. Aber dass dann ein großes Fest gefeiert wird, das ist heute schon so gut wie sicher.

Ob Köln dann immer noch eine schöne Stadt ist, in der man gern lebt?

Nun, man wird ja sehen!

Die Ehepaare Clinton, Schröder und Chirac beim Kölsch in der Altstadt.

Köln heute

Zum Ansehen	Viele oben erwähnte Gebäude von außen und innen:
	das Ostasiatische Museum am Aachener Weiher
	das Museum Ludwig
	das Wallraf Richartz-Museum
	die Philharmonie
	der Rheingarten direkt unterhalb von beiden
	der MediaPark
	die KölnArena
Zum Weiterlesen	Carl Dietmar und Werner Jung: Kleine illustrierte Geschichte der Stadt Köln. Köln 1996
	Peter Fuchs (Hrsg.): Chronik zur Geschichte der Stadt Köln. Band 1: Von den Anfängen bis 1400. Band 2: Von 1400 bis zur Gegenwart. Köln 1990
	Hildrud Kier: Kleine Kunstgeschichte Kölns. München 2001
	Arnold Stelzmann und Robert Frohn: Illustrierte Geschichte der Stadt Köln. 11., verbesserte Auflage. Köln 1990

Bildnachweis

Zum Teil war es nicht möglich, die Herkunft der Abbildungen zu ermitteln. Wir bitten Fotografen und Archive, sich beim Verlag zu melden.

Biegel, Gerd: Geld aus Köln, Köln 1979: S. 141 o.
Bönisch, Georg: Köln und Preussen, Köln 1982: S. 128
Dick, Walter: Menschen im Aufbruch, Köln 1995: S. 179 u.l., 182
dpa: S. 205
EL-DE-Haus: S. 146, 147, 153, 154, 159, 160, 167 r., 169 o./u., 171 o., 172
Fuchs, Peter: Das Rathaus zu Köln, Köln 1994: S. 56.o.l.
Fuchs, Peter: Chronik der Stadt Köln, Bd. 1, Köln, 3. Aufl. 1999: S. 62
Fuchs, Peter: Chronik der Stadt Köln, Bd. 2, Köln, 2. Aufl. 1993: S. 104 l., 105 o., 183, 191 r.
Grewe, Dr. Klaus., Landschaftsverband Rheinland, Rheinisches Amt für Bodendenkmalpflege: S. 25 o.
Hagemeyer, Hacky: S. 194, 200, 201 l/r., 202
Hänneschen Theater, Stadt Köln: S. 98
Historisches Archiv der Stadt Köln: S. 6, 18, 27, 39, 46 u., 90 r., 91, 101, 132 o.r., 137 u., 141 u., 143 (unverzeichnet), 144 l. (unverzeichnet), 150, 155, 156/157, 165 o., 166 r., 167 m., 168 u., 171 u., 178 o., 185, 187 l., 188, 189 o.r., 190, 191 o.r., 196, 197, U4 u.r.
Kier, Hiltrud, Die romanischen Kirchen, Köln 1983: Tafel 1 (Foto: Winfried Kralisch)
Klein, Adolf: Köln im 19. Jahrhundert, Köln 1992: S. 85
Kölnisches Stadtmuseum: S. 40, 52/53, 57, 64, 67, 68 u., 79, 82, 90 l., 112, 116 r., 118, 119 u., 124 r., 125 r., 167 l., 162, 174, 179 o., 181 l., 198
Langen, Gabi; Deres, Thomas: Müngersdorfer Stadion Köln, Köln 1998: S.138/139, 192
Rund um den Kölner Dom, Köln 2000, S. 49
Lilienthal, H., Rheinisches Landesmuseum Bonn: S. 26 o.

Lübbers, C.H., Welters, H.: Heimatatlas Köln, S. 14 (Ort und Jahr fehlen)
Meier-Arendt, Walter: Die Steinzeit in Köln, Köln 1975: S. 13
Mick, Elisabeth: Köln im Mittelalter, Köln 1990: S. 42, 53, 56 o.r., 59 r., 68 o.
Reiche, Thomas: S. 206
Rheinisches Bildarchiv: S. 15 o.l., 19 o.l., 19 o.r., 24, 25 u., 26 u., 29 o., 29 u., 32, 35, 36, 38, 43, 45, 46 o., 48, 50, 51, 55, 58, 59 l., 60, 70, 72, 74, 75, 77 o., 78, 80, 84, 86 o/u., 88, 92, 96/97, 99, 102, 103, 104 r., 105 u., 106, 107, 108, 109, 110, 115, 116 l., 117, 119 o., 120/121, 122 o., 122 u., 124 l., 126 u., 129, 130, 132 o.l., 132 u.l., 132 u.r., 135, 137 o., 142, 144 r., 148, 161, 163, 164, 165 u., 168 o.l/r., 170, 173, 177, 178 u., 180, 181 r., 186 o., 187 r., 189 o.l., U4 o.
Römisch-Germanisches Museum: S. 11, 16/17, 20, 22, 23, U4 u.l.
Schäfke, Werner (Hrsg.): Das neue Köln 1945-1995, Köln 1994: S. 179 u.r, 189 u., 199 u., 203 u., U4 u.M.
Schubert, Horst: Belebtes Köln Köln 13/94/2000: S. 186 u.
Signon, Helmut: Agrippa, Darmstadt 1978: S. 8, 15 o.r.
Stelzmann, Arnold; Frohn, Robert: Illustrierte Geschichte der Stadt Köln, Köln , 11. Aufl. 1990: S. 77 u.
Taylor, Eric: 1000 Bomber auf Köln, Düsseldorf, 2. Aufl. 1980: S. 166 l.
Westfehling, Uwe: Köln um die Jahrhundertwende, Köln 1979: S. 125 l.
Weusthoff & Rose, S. 37, 44, 47, 123, 140, 199
Zepp, Josef: Die Kölner Bucht, Bonn 1970: S. 12